ENGLISH
AFRIKAANS
XHOSA
ZULU
Aid

The
ENGLISH
AFRIKAANS
XHOSA
ZULU
Aid

Word Lists & Phrases
in Four Languages

ISABEL UYS

PHAROS

ISBN: 978-1-86890-036-7

First edition published in 1996 by
Queillerie Publishers, Cape Town

Second edition published in 2002 by
Pharos Dictionaries,
an imprint of NB Publishers,
40 Heerengracht, Cape Town

First impression 2002
Second impression 2003
Third impression 2004
Fourth impression 2005
Fifth impression 2006
Sixth impression 2006
Seventh impression 2007
Eighth impression 2008
Ninth impression 2008
Tenth impression 2009
Eleventh impression 2010

Cover design and typography by Piet Grobler
Border designs by Geof Walton
Printed and bound by
CTP Printers, Cape Town, South Africa

62544

CONTENTS
INHOUD
IZIQULATHO
OKUPHAKATHI

PREFACE

There is a great awareness of languages in the new South Africa. Even just a few words to a person in his own language can do wonders. This book is meant to teach new words, to enlarge vocabulary and to improve communication skills. It should be extremely useful to any person who wishes to know more about any of these four languages.

VOORWOORD

In die nuwe Suid-Afrika is daar 'n groot bewustheid van tale. Selfs net 'n paar woorde aan 'n persoon in sy eie taal kan wondere verrig. Hierdie boek is bedoel om nuwe woorde aan te leer, woordeskat uit te brei en kommunikasie-vaardighede te verbeter. Dit behoort baie nuttig te wees vir enige persoon wat meer van enige van hierdie vier tale wil weet.

INTSHAYELELO

Kunokuqonda kwomlimi eMzantsi Afrika omtsha. Amagama ambalwa nje angenza ulwimi lakho imimangaliso. Le ncwadi ifanelwe ukufundisa amagama amatsha, ukwandisa amagama nokwandisa ubuchule bothungelwana. Imelwe elinoncedo kakuhle umntu ngamnye onqwenela okwazi okuninzi okanye kumalwimi omane.

ISISHAYALELO

Kunokuqonda kwomlimi eMzansi Afrika omsha. Amagama ambalwa nje angenza ulwimi lakho izimangaliso. Le ncwadi ifanelwe ukufundisa amagama amasha ukwandisa amagama nokuthuthukisa ikhono lokwazisayo. Kubalulekile kakhulu kuwo wonke umuntu ofisa ukwazi ngalezi zilimi ezine.

PRONUNCIATION

This is just a simple guide. The assistance of native speakers is recommended.

XHOSA

Vowels and consonants:

a	as in **f**a**ther (*thanda*)
b	softer than in English (*bona*)
bh	as in **b**uy (*ibhedi*)
dl	as in **del**ay without the e (*dlala*)
dy	as in **du**el (*dyobha*)
e	as in **e**gg (*senga*)
g	as in **g**un (*iglasi*)
gr	as the *ger* in fin**ger** (*grumba*)
h	as in **h**and (*hamba*)
hl	a hissing combination of the **h** and **l** sounds similar to the first sound in the Welsh **Ll**anelly (*hlala*)
i	as in l**i**ck (*imini*)
j	as in **j**ug (*ijagi*)
k	as in **k**itten (*inkume*)
kh	as in **c**all (*ikheri*)
n	as in **n**aught (*ninza*)
ng	as in fi**ng**er (*inkungu*)
o	as in **a**ll (*molo*)
ph	as in **p**ill (*iphepha*)
r	as in **r**un (*isitora*)
rh	as in the Afrikaans **g**aan or Scottish lo**ch** (*irhafu*)
s	as in **s**ing (*isoka*)
sh	as in **sh**ort (*ishumi*)
th	as in **t**ake (*thengisa*)
tsh	as in **ch**art (*itshizi*)
ty	as in **tu**ne (*ilitye*)
u	as in t**o** or l**oo**k (*umpu*)
v	as in **v**ain (*vuma*)
w	as in **w**et (*iwaka*)
y	as in **y**ou (*yima*)
z	as in **z**eal (*zisa*)

Click sounds:

c   The *dental click*. Place the tip of the tongue against the top of the upper front teeth and suddenly withdraw the tongue with a sucking motion. This sound may be compared with the sound of sympathy when someone says ts-ts. (*cula*)

ch   like the **c**, but followed by a rush of air (*cheba*)

gc   like the **c**, but with a breathy voice (*gcina*)

nc   a combination of the **n** and **c** sounds (*nceda*)

ngc   like the **nc**, but with breathy voice (*ingca*)

q   Press the tip of the tongue against the front palate and pull it backwards with a sucking motion. (*qala*)

qh   like the **q**, but followed by a rush of air (*qhatha*)

nq   a combination of the **n** and **q** sounds (*inqawa*)

x   Place the tip of the tongue against the hard palate as if you were going to produce the n sound. Press one side of the tongue against the side of the jaw. Without shifting the tip of the tongue from the palate, withdraw the side sharply from the jaw. (*uxolo*)

xh   like the **x**, but with an audible release of breath (*xhoma*)

gx   like the **x**, but with breathy voice (*igxalaba*)

nx   a combination of the **n** and **x** sounds (*nxiba*)

nxg   like the **nx**, but with breathy voice (*ingxowa*)

ZULU

Vowels and consonants:

a   as in **f**ather (*idada*)

b   is pronounced softer than in English (*bamba*)

bh   as in **b**uy (*bomvu*)

dl   as in **del**ay without the e (*ukudla*)

e   as in **e**gg (*udevu*)

g   as in **g**un (*ingadi*)

h   as in hear (a sound similar to the **g** in the Afrikaans word *gaan* may also be used) (*halala*)

hh   as in **h**unt (*ihhashe*)

hl   a hissing combination of the **h** and **l** sounds, similar to the first sound in the Welsh Llewellyn (*hleka*)

i   as in **tea** (*insimbi*)

k   as in **k**ick (*ikati*)

kh   as in **c**all, followed by a strong rush of air (*ikhekhe*)

kl   similar to a combination of a **k** and the first sound in Llewellyn, but sharper (*iklabishi*)

l	as in lull (*lala*)
n	as in nun (*nina*)
ng	as in finger (*nina*)
ny	as the ny in Kenya (*unyawo*)
ph	as in people (*phapha*)
r	foreign to Zulu and occurs only in borrowed words
s	as in say (*susa*)
sh	as in shoe (*shaya*)
th	as in took (*thunga*)
tsh	as in Charlie (*utshani*)
u	as in to (*umuntu*)
v	as in vain (*vala*)
w	as in wet (*woza*)
y	as in yellow (*yebo*)
z	as in zoo (*zala*)

Click sounds:

c	The *dental click*. Place the tip of the tongue against the upper front teeth, withdraw it suddenly with a sucking motion. This sound may be compared with the sound of sympathy when someone says ts-ts. (*ceba*)
ch	like the **c**, but followed by a rush of air (*chitha*)
gc	like the **c**, but with breathy voice (*gcwala*)
nc	a combination of the **n** and **c** sounds (*incwadi*)
q	Press the tip of the tongue against the front palate and pull it backwards with a sucking motion. (*qoba*)
qg	like the **q**, but with breathy voice (*gqiba*)
qh	like the **q**, but followed by a rush of air (*iqhawe*)
nq	a combination of the **n** and **q** sounds (*inqola*)
nqg	like the **nq**, but with a breathy voice
x	Place the tip of the tongue against the hard palate as if you were going to produce the n sound. Press one side of the tongue against the side of the jaw. Without shifting the tip of the tongue from the palate, withdraw the side sharply from the jaw. (*ixoxo*)
xh	like the **x**, but with an audible release of breath (*isiXhosa*)
gx	like the **x**, but with breathy voice (*gxoba*)
nx	a combination of the **n** and **x** sounds (*inxele*)
ngx	like the **nx**, but with breathy voice (*ingxibongo*)

WORDS
WOORDE
AMAGAMA
AMAGAMA

1. NUMBERS
GETALLE
AMANANI
EYOMUMO

ENGLISH	AFRIKAANS	XHOSA	ZULU
one	een	isinye	kunye
two	twee	isibini	kubili
three	drie	isithathu	kuthathu
four	vier	isine	kokune
five	vyf	isihlanu	isihlanu
six	ses	isithandathu	isithupha
seven	sewe	isixhenxe	isikhombisa
eight	agt	isibhozo	isishiyaga-lombili
nine	nege	ithoba	isishiyaga-lolunye
ten	tien	ishumi	ishumi
eleven	elf	ishumi elinanye	ishumi nanye
twelve	twaalf	ishumi elinambini	ishumi nambili
thirteen	dertien	ishumi elinesithathu	ishumi nantathu
fourteen	veertien	ishumi elinesine	ishumi nane
fifteen	vyftien	ishumi elinesihlanu	ishumi nanhlanu
sixteen	sestien	ishumi elinesithandathu	ishumi nesithupha
seventeen	sewentien	ishumi elinesixhenxe	ishumi nesikhombisa
eighteen	agtien	ishumi elinesibhozo	ishumi nesishiyaga-lombili
nineteen	neëntien	ishumi elinethoba	ishumi nesishiyaga-lolunye

ENGLISH	AFRIKAANS	XHOSA	ZULU
twenty	twintig	amashumi amabini	amashumi amabili
thirty	dertig	amashumi amathathu	amashumi amathathu
forty	veertig	amashumi amane	amashumi amane
fifty	vyftig	amashumi amahlanu	amashumi amahlanu
sixty	sestig	amashumi amathandathu	amashumi ayisithupha
seventy	sewentig	amashumi asixhenxe	amashumi ayisikhombisa
eighty	tagtig	amashumi asibhozo	amashumi ayisishiyaga-lombili
ninety	neëntig	amashumi alithoba	amashumi ayisishiyaga-lolunye
hundred	honderd	ikhulu	ikhulu
thousand	duisend	iwaka	inkulungwane
million	miljoen	isigidi	isigidi
billion	biljoen	isigidi sezigidi	isigidi sezigidi
trillion	triljoen	isigidi sezigidi zezigidi	isigidigidikazi esinamaqanda angu-18
dozen	dosyn	idazini	idazini
gross	gros	igrosi	igrosi yezilwane

2. COLOURS
KLEURE
IMIBALA
IMIBALA

English	Afrikaans	Xhosa	Zulu
beige	beige	lubhelu-mdala	liphuzana
black	swart	mnyama	mnyama
blue	blou	iblowu	zulucwathile
brown	bruin	ntsundu	nsundu
green	groen	luhlaza	luhlaza
grey	grys	ngwevu	mpunga
orange	oranje	orenji	wolintshi
pink	pienk	pinki	bomvana
purple	pers	mfusa	bunsomi
red	rooi	bomvu	bomvu
white	wit	mhlophe	mhlophe
yellow	geel	lubhelu	phuzi

3. SHAPES
VORMS
UKUMA
IZIMO

ENGLISH	AFRIKAANS	XHOSA	ZULU
circle	sirkel	isangqa	isiyingi
cone	kegel	ibhumbulu	ikhoni
cylinder	silinder	isilinda	isilinda
diamond	diamant	idayimani	idayimani
heart	hart	intliziyo	inhliziyo
hexagon	seshoek	unxantandathu	into enezinhla-ngothi eziyisithupha
oblong	reghoek	uxande	iobhlongi
octagon	ag(t)hoek	imbombo-sibhozo	into ebuso-busishiyagalo-mbili
pentagon	vyfhoek	into embo-mbontlanu	into enezinhla-ngothi ezinhlanu
pyramid	piramide	iphiramidi	iphiramidi
rectangle	reghoek	uxande	unxande
semicircle	halfsirkel	usingasangqa	ugomela
sphere	sfeer	ingqukumba	imbulunga
square	vierkant	isikwere	isikwele
triangle	driehoek	unxantathu	unxantathu

4. DAYS OF THE WEEK
DAE VAN DIE WEEK
IINTSUKU ZEVEKI
IZINSUKU ZEVIKI

ENGLISH	AFRIKAANS	XHOSA	ZULU
Monday	Maandag	uMvulo	uMsombuluko
Tuesday	Dinsdag	uLwesibini	uLwesibili
Wednesday	Woensdag	uLwesithathu	uLwesithathu
Thursday	Donderdag	uLwesine	uLwesine
Friday	Vrydag	uLwesihlanu	uLwesihlanu
Saturday	Saterdag	uMgqibelo	uMgqibelo
Sunday	Sondag	iCawa	iSonto

5. MONTHS
MAANDE
IINYANGA
IZINYANGA

ENGLISH	AFRIKAANS	XHOSA	ZULU
January	Januarie	uJanuwari	uJanuwari
February	Februarie	uFebruwari	uFebruwari
March	Maart	uMatshi	uMashi
April	April	uAprili	uApreli
May	Mei	uMeyi	uMeyi
June	Junie	uJuni	uJuni
July	Julie	uJulayi	uJulayi
August	Augustus	uAgasti	uAgasti
September	September	uSeptemba	uSepthemba
October	Oktober	uOktobha	uOkthoba
November	November	uNovemba	uNovemba
December	Desember	uDisemba	uDisemba

6. SEASONS
SEISOENE
AMAXESHA ONYAKA
IZIKHATHI ZONYAKA

ENGLISH	AFRIKAANS	XHOSA	ZULU
spring	lente	intwasahlobo	intwasahlobo
summer	somer	ihlobo	ihlobo
autumn	herfs	ukwindla	ukwindla
winter	winter	ubusika	ubusika

7. WEATHER
   WEER
   IMOZULU
   IZULU

ENGLISH	AFRIKAANS	XHOSA	ZULU
avalanche	sneeustorting	udiliko-khephu	isiwohlololo
breeze	briesie	impepho	umoyana
cloud	wolk	ilifu	ifu
cloudburst	wolkbreuk	isitshi	umvimbi
clouds	wolke	amafu	amafu
cloudy	bewolk	-sibekele	-namafu
dew	dou	umbethe	amazolo
drizzle	motreën	ukukhumezela	khemezela
drought	droogte	imbalela	ukomisa kwezulu
dust	stof	uthuli	uthuli
flood	vloed	isikhukhula	isikhukhula
fog	mis	inkungu	inkungu
frost	ryp	iqabaka	isithwathwa
gale	stormwind	uqhwithela	isiphepho
hail	hael	isichotho	isichotho
hailstorm	haelstorm	isiphango	iwalakahla lesichotho
heat	hitte	ubushushu	ukushisa
heavy rain	stortreën	imvula-nkulu	uzamcolo
hurricane	orkaan	inkanyamba	isivunguvungu
lightning	weerlig	umbane	umbani
mist	mis	inkungu	inkungu
overcast	bewolk	-sibekele	-guqubele
rain	reën	imvula	imvula
rainbow	reënboog	umnyama	uthingo-lwenkosizana
raindrop	reëndruppel	ithontsi lemvula	iconsi lemvula
rainfall	reënval	ukuna kwemvula	ubuningi bemvula
sky	lug	isibhakabhaka	izulu
snow	sneeu	ikhephu	iqhwa

9

English	Afrikaans	Xhosa	Zulu
snowfall	sneeuval	ubungakanani bekhephu eliwil eyo ngexesha elithile	ukukhithika kweqhwa
snowstorm	sneeustorm	uqhwithela lwekhephu	isiphepho
storm	storm	uqhwithela	isiphepho
sunshine	sonskyn	ukukhanya kwelanga	ukukhanya kwelanga
thunder	donder (weer)	ukududuma	ukuduma
thunderstorm	donderstorm	isiphango	umdumo
tornado	tornado	uqhwithela	ithonado
torrent	stroom	isikhukhula	isikhukhula
weathercock	weerhaan	umqhagi wentsimbi osisalathimoya	isikhombamoya
weather forecast	weervoorspelling	uqikelelo lwemozulu	umhlahlo wezulu
whirlwind	warrelwind	isivunguvane	isishungushwane
wind	wind	umoya	umoya
windy	winderige	linomoya	-nomoya

8. TIME
TYD
IXESHA
ISIKHATHI

English	Afrikaans	Xhosa	Zulu
afternoon	middag	emva kwemini	intambama
birthday	verjaarsdag	usuko lokuzalwa	usuku lokuzalwa
century	eeu	ikhulu	ikhulu
dawn	dagbreek	ukusa	ukusa
day	dag	usuku	usuku
days	dae	iintsuku	izinsuku
daytime	bedags	imini	imini
decade	dekade	ishumi leminyaka	isikhathi semi-nyaka eyishumi
evening	aand	ukuhlwa	ukuhlwa
hour	uur	iyure	ihora
last year	verlede jaar	kunyaka ophelileyo	ngonyaka odlule
leap year	skrikkeljaar	unyakande	unyaka obhansayo
midnight	middernag	ubhadakazi	phakathi kwamabili
minute	minuut	umzuzi	iminithi
minutes	minute	imizuzu	amaminithi
moment	oomblik	umzuzwana	umzuzwana
month	maand	inyanga	inyanga
monthly	maandeliks	ngenyanga	ngenyanga
months	maande	iinyanga	izinyanga
morning	oggend	intsasa	isasa
next month	volgende maand	inyanga ezayo	inyanga ezayo
next year	volgende jaar	kunyaka ozayo	ngonyaka ozayo
night	nag	ubusuku	ubusuku
noon	twaalfuur	imini emaqanda	imini uqobo
now	nou	ngoku	manje
second	sekonde	umzuzwana	isekendi

11

ENGLISH	AFRIKAANS	XHOSA	ZULU
sunrise	sonsopkoms	ukuphuma kwelanga	ngokuphuma kwelanga
sunset	sonsondergang	ukutshona kwelanga	ukushona kwelanga
the day after tomorrow	oormôre	ngomsomnye	ngomhlomunye
the day before yesterday	eergister	izolo elinye	kuthangi
this year	vanjaar	kulo nyaka	ngalo nyaka
today	vandag	namhlanje	namhlanje
tomorrow	môre	ngomso	kusasa
week	week	iveki	iviki
week-end	naweek	impela-veki	impelasonto
weeks	weke	iiveki	amaviki
year	jaar	unyaka	unyaka
years	jare	iminyaka	iminyaka
yesterday	gister	izolo	izolo

9. FORMS OF GREETING
MANIERE OM TE GROET
IINDLELA ZOKUBULISA
IZINDLELA ZOKUBINGELELA

English	Afrikaans	Xhosa	Zulu
Go well (one person)	Laat dit goed gaan (een mens)	Uhambe kakuhle	Hamba kahle
Go well (a group)	Laat dit goed gaan ('n groep)	Nihambe kakuhle	Hambani kahle
Good afternoon (one person)	Goeiemiddag (een mens)	Molo	Sawubona
Good afternoon (a group)	Goeiemiddag ('n groep)	Molweni	Sanibona
Good evening (one person)	Goeienaand (een mens)	Molo	Sawubona
Good evening (a group)	Goeienaand ('n groep)	Molweni	Sanibona
Good morning (one person)	Goeiemôre (een mens)	Molo	Sawubona
Good morning (a group)	Goeiemôre ('n groep)	Molweni	Sanibona
Good night (one person)	Goeienag (een mens)	Ulale kakuhle	Ulale kahle
Good night (a group)	Goeienag ('n groep)	Nilale kakuhle	Nilale kahle
Goodbye	Totsiens	Sala kakuhle	Sala kahle
He sends his regards	Hy stuur groete	Uyabulisa	Ukhonzile
Hello (one person)	Hallo (een mens)	Molo	Sawubona
Hello (a group)	Hallo ('n groep)	Molweni	Sanibona
How are you?	Hoe gaan dit met jou?	Unjani?	Unjani?
How are you all?	Hoe gaan dit met julle?	Ninjani?	Ninjani?
How do you do?	Aangename kennis	Kunjani?	Ninjani?

13

ENGLISH	AFRIKAANS	XHOSA	ZULU
I am fine, thank you	Dit gaan goed, dankie	Ndiphilile, enkosi	Ngisaphila
Keep well (one person)	Mooi bly (een mens)	Sala kuhle	Sala kahle
Keep well (a group)	Mooi bly ('n groep)	Nisale kuhle	Salani kahle
May I introduce you to ...?	Kan ek jou aan ... voorstel?	Ndingakwazisa ku ...?	Mangikwethule ku ...?
See you later	Sien jou later	Sobe sibonane	Sizobanana
Until we meet again	Tot ons weer ontmoet	De sibonane kwakhona	Size sibonane futhi

10. ANIMALS
DIERE
IZILWANYANA
IZILWANE

ENGLISH	AFRIKAANS	XHOSA	ZULU
alligator	kaaiman	ingwenya yaseMerika	ingwenya yaseMelika
ant	mier	imbovane	intuthwane
ant-eater	miervreter	ihodi	isambane
antelope	wildsbok	inyamakazi	inyamazane
ants	miere	iimbovane	izintuthwane
ape	aap	inkawu	imfene
ass	esel	iesile	imbongolo
baboon	bobbejaan	imfene	imfene
baboons	bobbejane	iimfene	izimfene
badger	ratel	igala	insele
bat	vlêrmuis	ilulwane	ilulwane
bear	beer	ibhere	ibhele
bedbug	weeluis	incukuthu	imbungulu
bee	by	inyosi	inyosi
beetle	kewer	ibhungane	ibhungane
bird	voël	intaka	inyoni
birds	voëls	iintaka	izinyoni
blue crane	bloukraanvoël	indwe	indwa
buffalo	buffel	inyathi	inyathi
bug	gogga	irhorho	isilwanyakazane
bull	bul	inkunzi	inkunzi
bull calf	bulkalf	induna	umdudu
bulldog	bulhond	unomasinana	ubhova
bush-buck	bosbok	imbabala	unkonka
bush-pig	bosvark	ingulube	ingulube yasendle
butterfly	skoenlapper	ibhabhathane	uvemvane
calf	kalf	inkonyane	inkonyane
camel	kameel	inkamela	ikamela
canary	kanarie	umlonji	ikhaneli
cat	kat	ikati	ikati

ENGLISH	AFRIKAANS	XHOSA	ZULU
caterpillar	ruspe	umbungu	icimbi
cats	katte	iikati	amakati
cattle	vee	iinkomo	izinkomo
centipede	honderdpoot	inkume	inkume
chameleon	verkleur-mannetjie	unwabu	unwabu
cheetah	jagluiperd	ingwenkala	ingulule
chicken	kuiken	intshontsho	itshwele
chimpanzee	sjimpansee	inkawu	ishimpanzi
cobra	kobra	iphimpi	iphimpi
cock	haan	umqhagi	iqhude
cockroach	kakkerlak	iphela	iphela
cow	koei	imazi	imazi
crab	krap	unonkala	inkala
crane	kraanvoël	indwe	indwa
cricket	kriek	inyenzane	inyendle
crocodile	krokodil	ingwenya	ingwenya
crow	kraai	unomyayi	igwababa
deer	takbok	ixhama laphe-sheya	inyamazane enezimpondo ezingamagatsha
dinosaur	dinosourus	isirhubuluzi esithile esikhulu samandulo	isilwane sase-ndulo esikhulu kakhulu esifana nentulo
dog	hond	inja	inja
dogs	honde	izinja	izinja
dolphin	dolfyn	ihlengesi	ihlengethwa
donkey	donkie	idonki	imbongolo
dove	duif	ihobe	ijuba
dragon	draak	igongqongqo	sikhipha umlilo ngamakhala
dragon-fly	naaldekoker	uhlabamanzi	uzekamanzi
drone	hommelby	igumasholo	unodongo
duck	eend	idada	idada
ducks	eende	amadada	amadada
eagle	arend	ukhozi	ukhozi
eagles	arende	iinkozi	izinkozi
earthworm	erdwurm	umsundulu	umsundu

16

ENGLISH	AFRIKAANS	XHOSA	ZULU
eel	paling	impalanga	umbokwane
eland	eland	impofu	impofu
elephant	olifant	indlovu	indlovu
ewe	ooi	imazi yegusha	imvukazi
falcon	valk	ukhetshe	ukhozi
firefly	vuurvlieg	inkanyezi	inkanyezi
fish	vis	intlanzi	inhlanzi
flea	vlooi	intakumba	izeze
fleas	vlooie	iintakumba	amazeze
flies	vlieë	iimphukane	izimpukane
fly	vlieg	impukane	impukane
foal	vul	inkonyane	inkonyane
		yehashe	yehhashi
fowl	hoender	inkuku	inkukhu
fowls	hoenders	iinkuku	izinkukhu
fox	jakkals	impungutye	ujakalase
frog	padda	isele	isele
frogs	paddas	amasele	amasele
gander	gansmannetjie	inkunzi	iqhude lehansi
		yorhanisi	
gazelle	gasel	uhlobo oluthile	insephe
		lwebhadi	
geese	ganse	amarhanisi	amahansi
giraffe	kameelperd	indlulamthi	indlulamithi
glow-worm	glimwurm	inkanyezi	ukhanyikhanyi
gnat	muggie	imbuzane	imbuzane
gnu	wildebees	inqu	inkonkoni
goat	bok	ibhokhwe	imbuzi
goose	gans	irhanisi	ihansi
gorilla	gorilla	igorila	igorila
grassshopper	sprinkaan	intethe	intethe
guinea-fowl	tarentaal	impangele	impangele
hare	haas	umvundla	unogwaja
hawk	valk	ukhetshe	uklebe
hedgehog	krimpvarkie	intloni	inhloli
heifer	vers	ithokazi	ithokazi
hen	hen	isikhukukazi	isikhukhukazi
hens	henne	izikhukukazi	izikhukhukazi
heron	reier	ukhwalimanzi	indwandwe

17

ENGLISH	AFRIKAANS	XHOSA	ZULU
hippopotamus	seekoei	imvubu	imvubu
hoopoe	hoep-hoep	ubhobhoyi	ibhobhoni
horse	perd	ihashe	ihhashi
horses	perde	amahashe	amahhashi
hound	jaghond	inja yokuzingela	inja enkulu
humming-bird	kolibrie	ingcungcu	uhlobo lwenyoni
hyena	hiëna	ingcuka	impisi
insect	insek	isinambuzane	isinambuzane
insects	insekte	izinambuzane	izinambuzane
jackal	jakkals	udyakalashe	impungushe
jaguar	jaguar	ingwe yase-Merika	uhlobo lwengwe enkulu
jelly-fish	jellievis	ijelifishi	itheketheke
kangaroo	kangaroe	ikhangaru	ikhangaru
kingfisher	visvanger	uxomoyi	unongozolo
kitten	katjie	intshontsho lekati	ichwane lekati
kudu	koedoe	iqudu	umgankla
ladybird	lieweheersbesie	ubhantom	umanqulwana
lamb	lam	itakane legusha	imvana
lark	lewerik	imfeketho	inqomfi
leech	bloedsuier	isifunxigazi	umnyundu
leopard	luiperd	ingwe	ingwe
lion	leeu	ingonyama	ingonyama
lizard	akkedis	icikilishe	isibankwa
lobster	kreef	unamvuna	isikhuphashe
locust	sprinkaan	inkumbi	inkumbi
louse	luis	intwala	intwala
mamba	mamba	inyushu	imamba
mammal	soogdier	isidalwa esanyisayo	isilwane esincelisayo
meercat	meerkat	igala	uchakide
millipede	duisendpoot	isongololo	ishongololo
mole	mol	intuku	ivukuzi
mongoose	muishond	umhlangala	umhlangala
monkey	aap	inkawu	inkawu
monkeys	ape	iinkawu	izinkawu
mosquito	muskiet	ingcongconi	umiyane
mosquitoes	muskiete	iingcongconi	omiyane

ENGLISH	AFRIKAANS	XHOSA	ZULU
moth	mot	uvivingane	ibhu
mouse	muis	impuku	impuku
mule	muil	imeyile	umnyuzi
mussel	mossel	imbaza	imbaza
octopus	seekat	ingwane	ingwane
ostrich	volstruis	inciniba	intshe
otter	otter	intini	umthini
owl	uil	isikhova	isikhova
ox	os	inkabi yenkomo	inkabi
parrot	papegaai	isikhwenene	isikhwenene
peacock	pou	ipikoko	ipigogo
pelican	pelikaan	ingcwangube	ifuba
penguin	pikkewyn	iphengwini	iphengwini
pig	vark	ihagu	ingulube
pigeon	posduif	ivukuthu	ivukuthu
pole-cat	muishond	iqaqa	iqaqa
pony	ponie	iponi	iponi
porcupine	ystervark	incanda	ingungumbane
porpoise	seevark	ihlengesi	ihlengethwa
puff-adder	pofadder	irhamba	ibululu
python	luislang	intlwathi	inhlwathi
quagga	kwagga	iqwarha	idube
quail	kwartel	isagwityi	isigwaca
rabbit	konyn	umvundla	unogwaja
racehorse	renperd	ihashe lomdyarho	ihhashi lomjaho
ram (sheep)	ram	inkunzi yegusha	inqama
rat	rot	ibuzi	igundane
rats	rotte	amabuzi	amagundane
reptile	reptiel	isilwana esirhubuluzayo	isilwane esihuquzelayo
rhinoceros (black)	renoster (swart)	ubhejane	ubhejane
rhinoceros (white)	renoster (wit)	umkhombe	umkhombe
rock-rabbit	dassie	imbila	imbila
rooster	hoenderhaan	umqhagi	iqhude

ENGLISH	AFRIKAANS	XHOSA	ZULU
salamander	koggelmander	isilwanyana esifana necilikishe	intulo
sardine	sardientjie	isadini	usadinsi
scorpion	skerpioen	unomadudwane	ufezela
sea-gull	seemeeu	ingabangaba	uhlobo lwenyoni yasolwandle
seal	rob	intini yolwandle	imvu yamanzi
secretary bird	sekretarisvoël	ingxangxosi	intinginono
serpent	slang	inyoka	inyoka
shark	haai	ukrebe	ushaka
sheep	skaap	igusha	imvu
shrimp	garnaal	inqonci	imfanzi
silkworm	sywurm	umbungu wesilika	icimbi likasilika
skunk	muishond	iqaqa	iqaqa
slug	naakslak	inkumba encinane	ugabalazana
snail	slak	inkumba	umnenke
snake	slang	inyoka	inyoka
sow	sog	imazi yehagu	ingulube yensikazi
sparrow	mossie	undlunkulu	undlunkulu
spider	spinnekop	isigcawu	isicabu
springbuck	springbok	ibhadi	insephe
squid	tjokka	isilwanyana esineengalo ezilishumi esifane nengwane	ingwane
squirrel	eekhoring	unomatse	ingwejeje
stork	ooievaar	unowamba	unogolantethe
swallow	swaeltjie	inkonjane	inkonjane
swan	swaan	untamonde wedada	isiwoni
tadpole	paddavis	isabonkolo	ushobishobi
termite	termiet	intubi	umuhlwa
tick	bosluis	ikhalane	ikhalane
tick-bird	bosluisvoël	ihlala-nyathi	ihlalanyathi
tiger	tier	ingwe	ingwe

ENGLISH	AFRIKAANS	XHOSA	ZULU
toad	brulpadda	icemfu	isele
tortoise	skilpad	ufudo	ufudu
trout	forel	intlanzi	uhlobo
		yomlambo	lwenhlanzi
			edliwayo
tsetse-fly	tsetsevlieg	itsetse	isibawu
turkey	kalkoen	ikarikuni	ikalikuni
turtle	waterskilpad	ufudo	ufudu
		lolwandle	lwasolwandle
turtle-dove	tortelduif	ihobe	ihobhe
vulture	aasvoël	ixhalanga	inqe
wagtail	kwikstertjie	umvetshane	umvemve
wart-hog	vlakvark	inxagu	indlovudawane
wasp	perdeby	unomeva	umuvi
weasel	wesel	isilwanyana	uchakide
		esithile	
whale	walvis	umnweba	umkhomo
wildebeest	blouwildebees	inqu	inkonkoni
wolf	wolf	ingcuka	impisi
woodpecker	houtkapper	isinqolamthi	isiqophamuthi
worm	wurm	umbungu	isibungu
zebra	sebra	iqwarha	idube

11. FRUIT
VRUGTE
ISIQHAMO
IZITHELO

English	Afrikaans	Xhosa	Zulu
apple	appel	iapile	iapula
apples	appels	ama-apile	ama-apula
apricot	appelkoos	iapilkosi	ibhilikosi
avocado	avokado	iavokado	ukwatapheya
banana	piesang	ibhanana	ubhanana
bananas	piesangs	amabhanana	obhanana
berry	bessie	iqunube	uhlamvu
cherry	kersie	itsheri	usheri
coconut	kokosneut	ikokonathi	ukhukhunathi
fig	vy	ifiya	ikhiwane
gooseberry	appelliefie	iguzubhele	ugqumugqumu
grapefruit	pomelo	imbambusi	igreyiphufruthi
grapes	druiwe	iidiliya	amagrebhisi
grenadilla	grenadella	igranadila	iganandela
guava	koejawel	igwava	ugwava
guavas	koejawels	iigwava	ogwava
lemon	lemmetjie	ilamuni	ulamula
litchi	lietsjie	isiqhamo esithile esimnandi	ilitshisi
mandarin	nartjie	inatshisi	umandarini
mango	mango	imango	umango
mulberry	moerbei	ummalbheri	umalibhele
naartjie	nartjie	inatshisi	inantshi
naartjies	nartjies	iinatshisi	onantshi
orange	lemoen	iorenji	iolintshi
pawpaw	papaja	ipopo	upopo
peach	perske	ipesika	ipetshisi
pear	peer	ipere	ipheya
pineapple	pynappel	ipayinapile	uphayinaphu
plum	pruim	iplam	ipulamu
prickly pear	turksvy	itolofiya	isihlehle

22

ENGLISH	AFRIKAANS	XHOSA	ZULU
prune	pruimedant	ipruni	iphulamu elomisiweyo
strawberry	aarbei	iqunube	isitrobheli
sweet melon	spanspek	ipanspeke	ikhabe
tangerine	nartjie	inatshisi	inantshi
watermelon	waatlemoen	ivatala	ikhabe

12. VEGETABLES
GROENTE
IMIFUNO
IMIFINO

ENGLISH	AFRIKAANS	XHOSA	ZULU
artichoke	artisjok	iartitshoko	uhlobo lwesitho-mbo esitshalwayo ukuba sidliwe
beans	boontjies	iimbotyi	ubhontshisi
beetroot	beet	ibhitruthi	ibhithrudi
Brussel sprouts	Brusselse spruitjies	umfuno othile	kukhiwe zona
butternut	botterskorsie	usenza	ibhathanathi
cabbage	kool	ikhaphetshu	ikhabishi
cabbages	koolkoppe	amakhaphetshu	amakhabishi
carrot	wortel	umnqathe	ikhalothi
cauliflower	blomkool	ikholiflawa	ikholifulawa
celery	seldery	iseleri	useleri
cucumber	komkommer	inkonkomire	ikhukhamba
green beans	groenboontjies	iimbotyi-eziluhlaza	ubhontshisi oluhlaza
green peas	groenertjies	iierityisi eziluhlaza	uphizi oluhlaza
green pepper	soetrissie	igrinpepa	upelepele oluhlaza
leek	prei	iliki	uliksi
lettuce	kropslaai	iletisi	uletisi
mushroom (large)	sampioen	ikhowa	ikhowe
mushroom (small)	sampioen	inkowane	inkowane
onion	ui	itswele	u-anyanisi
parsley	pietersielie	ipasili	ipasili
peas	ertjies	ierityisi	uphizi
potato	aartappel	itapile	izambane
potatoes	aartappels	amatapile	amazambane
pumpkin	pampoen	ithanga	ithanga

ENGLISH	AFRIKAANS	XHOSA	ZULU
radish	radys	iredishi	uredishi
spinach	spinasie	isipinatshi	isipinashi
sprout	spruit	ihlumelo	ihlumela
sweet potato	patat	ibhatata	ubhatata
tomato	tamatie	itumato	utamatisi
turnip	raap	iteniphu	itheniphu

13. FLOWERS
BLOMME
IINTYATYAMBO
IZIMBALI

ENGLISH	AFRIKAANS	XHOSA	ZULU
aloe	aalwyn	ikhala	umhlaba
arum lily	aronskelk	inyibiba	intebe
blossom	bloeisel	intyatyambo	imbali
cactus	kaktus	ikaktus	umdolofiya
daffodil	affodil	idafodili	idafodili
dahlia	dahlia	idaliya	idaliya
daisy	madeliefie	uhlobo lwentyatyambo	idezi
geranium	malva	intyatyambo ethile entle	uhlobo lwembali
lily	lelie	inyibiba	umduze
pansy	gesiggie	intyatyambo ethile entle	ipanzi
petunia	petunia	intyatyambo ethile	uhlobo lwembali
rose	roos	irozi	iroza
sunflower	sonneblom	ujongilanga	isithamelalanga
tulip	tulp	intyatyambo ethile yesitswele	incembe
violet	viooltjie	intyatyambo ethile	ivayolethe

14. FOOD
KOS
UKUTYA
UKUDLA

English	Afrikaans	Xhosa	Zulu
bacon	spek	ispeke	ubhekeni
bacon and eggs	spek en eiers	ispeke namaqanda	ubhekeni namaqanda
baking powder	bakpoeier	isibiliso	iyisi yokubhaka
batter	deeg	intlama	inhlama
beef	beesvleis	inyama yenkomo	inyama yenkomo
biltong	biltong	umqwayito	umqwayiba
biscuit	beskuitjie	ibhiskithi	ibhisikidi
boerewors	boerewors	isoseji	ibhulevosi
bread	brood	isonka	isinkwa
breakfast	ontbyt	iblakfesi	ibhulakufesi
brown bread	bruin brood	isonka esimdaka	isinkwa esinsundu
butter	botter	ibhotolo	ibhotela
cake	koek	ikeyiki	ikhekhe
cakes	koeke	iikeyiki	amakhekhe
cayenne pepper	rooipeper	ipepile ebomvu	upelepele obomvu
cereal	graankos	isiriyali	isiriyeli
cheese	kaas	itshizi	ushizi
chicken	hoender	inyama yenkuku	inyama yenkukhu
chips	aartappelskyfies	iitshipsi	ama-chips
chocolate	sjokolade	itshokoleti	ushokolethe
chop	tjop	itshophu	ishopsi
cookie	koekie	umqhathane	ikhekhi
corn	koring	ingqolowa	ukolweni
cream	room	ucwambu	ukhilimu
curry	kerrie	ikheri	ukhari
dinner	hoofmaaltyd (middag- of aandete)	idinala	idina

ENGLISH	AFRIKAANS	XHOSA	ZULU
dough	deeg	intlama	inhlama
egg	eier	iqanda	iqanda
eggs	eiers	amaqanda	amaqanda
fat	vet	amafutha	amafutha
fish	vis	intlanzi	inhlanzi
flour	meel	umgubo	ufulawa
ginger	gemmer	ijinja	ujinja
gingerbread	gemmerbrood	umqhathane wenjinja	ikhekhe elinejinja
gravy	sous	umhluzi	umhluzi
hamburger	hamburger	ihambhega	ihambhega
hamburger and chips	hamburger en aartappelskyfies	ihambhega neetshiphsi	ihambhega namashiphsi
honey	heuning	ubusi	uju
hot dog	worsbroodjie	ihotdogi	i-hotdog
ice cream	roomys	iayiskrim	u-ayisikhilimu
jam	konfyt	ijam	ujamu
jelly	jellie	ijeli	ujeli
kidney	niertjie	intso	inso
lamb (meat)	lamsvleis	inyama yetakane legusha	inyama yemvu
lard	varkvet	amafutha ehagu	amafutha engulube
liver	lewer	isibindi	isibindi
lunch	middagete	ilantshi	ilantshi
macaroni	macaroni	imakaroni	umakaroni
margarine	margarien	imajarini	imagarini
mealie-meal (maize-)	mieliemeel	umgubo wombona	impuphu
mealie rice	mielierys	irayisi yombana	iheleyisi
meat	vleis	inyama	inyama
meat-ball	frikkadel	ingqakumba yenyama	isigaqa senyama egayiwe
menu	spyskaart	imenyu	imenyu
milk	melk	ubisi	ubisi
mince (meat)	gemaalde vleis	inyama esiliweyo	inyama egayiweyo
mustard	mosterd	imostade	umasitadi
mutton	skaapvleis	inyama yegusha	inyama yemvu

ENGLISH	AFRIKAANS	XHOSA	ZULU
nut	neut	inqoba	intongomane
oatmeal	hawermout	umgubo wehabile	impuphu yeothi
offal	afval	iafala	udoti
oil	olie	ioli	u-oyili
omelet(te)	omelet	isonka seqanda	i-omelethi
peanuts	grondboontjies	amandongomane	amantongomane
pepper	peper	ipepile	upelepele
pie	pastei	ipayi	uphayi
polony	polonie	ipoloni	upoloni
pork	varkvleis	inyama yehagu	inyama yengulube
porridge	pap	ipapa	iphalishi
prawn	steurgarnaal	isilwanyana saselwandle	umdambi
pudding	poeding	iphudini	uphuthini
raisin	rosyntjie	irasentyisi	ireyizini
rice	rys	irayisi	irayisi
rusk	beskuit	iraski	iraski
salad	slaai	isaladi	isaladi
salt	sout	ityuwa	usawoti
samp	stampmielies	umnqusho	isitambu
sandwich	toebroodjie	amaqebengwana ahlohliweyo	isendiwishi
sauce	sous	isoso	usoso
sausage	wors	isoseji	isoseji
sausage roll	worsrol	iqebengwana elihlohlwe ngesoseji	i-sausage roll
scrambled eggs	roereier	amaqanda aqhuqhiweyo	amaqanda ashikashikiweyo
seafood	seekos	isidlo lolwandle	ukudla kwasolwandle
snack	versnapering	amashwamshwam	ukudla okuncane
soup	sop	isuphu	isobho
spaghetti	spaghetti	ispaghetti	isipagethi

ENGLISH	AFRIKAANS	XHOSA	ZULU
steak	biefstuk	isiteki	isiteki
stew	bredie	isityu	isitshu
sugar	suiker	iswekile	ushukela
supper	aandete	isopholo	isapha
syrup	stroop	inyhobha-nyhobha	isiraphu
take-away food	saamneem-ete	ukudla oku-thenga umke nako	ukudla oku-thenga uhambe nakho
tinned food	blikkieskos	ukutya okunkonkxi-weyo	ukudla kwasethinini
toast	roosterbrood	ithowusti	ithosi
tobacco	tabak	icuba	ugwayi
veal	kalfsvleis	inyama yethole	inyama yenkonyana
vegetables	groente	imifuno	imifino
venison	wildsvleis	inyama yenyamakazi	inyama yenyamazane
vinegar	asyn	iviniga	uvinika
white bread	wit brood	isonka esimhlophe	isinkwa esimhlophe
yeast	suurdeeg	igwele	iyisi

15. DRINKS
DRANKE
IZISELO
IZIPHUZO

ENGLISH	AFRIKAANS	XHOSA	ZULU
alcohol	alkohol	ialkoholi	uphulufu
barley-water	gortwater	amanzi erhasi	amanzi obhali
beer	bier	ibheri	ubhiya
beer (sorghum)	sorghumbier	utywala	utshwala
brandy	brandewyn	ibranti	ibhrendi
buttermilk	karringmelk	ixibhiya	umbhobe
cocoa	kakao	ikoko	ukhokho
coffee	koffie	ikofu	ikhofi
cold drink	koeldrank	isiselo esibandayo	unamanedi
ginger-beer	gemmerbier	ijinjabhiri	ujinjabhiya
grape-juice	druiwesap	isiselo-ncidi sediliya	uju lwamagilebhisi
juice	sap	incindi	ujusi
lemonade	limonade	ilemonedi	ulemoneti
liquor	sterk drank	utywala	ugologo
milk	melk	ubisi	ubisi
milk shake	bruismelk	isiselo esingumxube wobisi nesiqholo	ubisi olunandisiwe
orange-juice	lemoensap	incindi yeorenji	uju lwewolintshi
soda-water	sodawater	amanzi esoda	amanzi kasota
sour milk	suurmelk	amasi	amasi
tea	tee	iti	itiye
water	water	amanzi	amanzi
wine	wyn	iwayini	iwayini

16. THE BODY
DIE LIGGAAM
UMZIMBA
UMZIMBA

ENGLISH	AFRIKAANS	XHOSA	ZULU
abdomen	buik	isisu	isisu
ankle	enkel	iqatha	iqakala
appendix	blindederm	ithunjana	i-aphendikisi
arm	arm	ingalo	ingalo
armpit	kieliebak	ikhwapha	ikhwapha
arms	arms	iingalo	izingalo
artery	slagaar	umthambo wegazi ongunothumela	umthambo omkhulu
back	rug	umhlana	umhlane
backbone	ruggraat	umqolo	umgogodlo
beard	baard	iindevu	isilevu
belly	buik	isisu	isisu
biceps	biseps	inkonyana	inkonyane
bicepses	bisepse	amankonyana	izinkonyane
big toe	groottoon	ubhontsi	uqukula
bladder	blaas	isinyi	isinye
blood	bloed	igazi	igazi
bone	been (deel van geraamte)	ithambo	ithambo
bowels	ingewande	amathumbu	amathumbu
brain	brein	ubuchopho	ubuchopho
breast	bors	isifuba	isifuba
breast (woman)	bors (vrou)	ibele	ibele
breasts (woman)	borste (vrou)	amabele	amabele
buttock	boud	impundu	isinqe
calf	kuit	isiquluba	isitho
cartilage	kraakbeen	intlala	uqwanga
cheek	wang	isidlele	isihlathi
chest	bors	isifuba	isifuba
chin	ken	isilevu	isilevu
collarbone	sleutelbeen	ingqosha	inqwababa

ENGLISH	AFRIKAANS	XHOSA	ZULU
diaphragm	mantelvlies	isiqwanga	inhlonhla
dimple	kuiltjie	isinxonxo	inkonyane
ear	oor	indlebe	indlebe
ear-drum	trommelvlies	ingqongqwana	ungqengqengqe lwendlebe
elbow	elmboog	ingqiniba	indololwane
eye	oog	iliso	iliso
eyeball	oogbal	ikhozo lweliso	inhlamvu yeso
eyebrow	winkbrou	ishiya	ishiya
eyelash	ooghaar	umsebe	ukhophe
eyelashes	ooghare	imisebe	izinkophe
eyelid	ooglid	ukhophe	ijwabu leso
eye-tooth	oogtand	izinyo lenja	izinyo lenja
face	gesig	ubuso	ubuso
faces	gesigte	imibuso	imibuso
finger	vinger	umnwe	umunwe
fingers	vingers	iminwe	iminwe
fist	vuis	inqindi	inqindi
foot	voet	unyawo	unyawo
forearm	voorarm	ingalo	ingalo
forefinger	wysvinger	unkomba	inkomba
forehead	voorkop	ibunzi	ibunzi
freckle	sproet	umchokozo	umkhangu
gall-bladder	galblaas	isingxobo senyongo	inyongo
gland	klier	idlala	idlala
glands	kliere	amadlala	amadlala
groin	lies	umphakatho	imbilapho
gums (of teeth)	tandvleis	iintsini	izinsini
hair	hare	iinwele	izinwele
hand	hand	isandla	isandla
hands	hande	izandla	izandla
head	kop	intloko	ikhanda
heart	hart	intliziyo	inhliziyo
heel	hak	isithende	isithende
heels	hakke	izithende	izithende
hip	heup	inyonga	inqulu
hipbone	heupbeen	ihleza	ithebe
intestines	ingewande	amathumbu	amathumbu

ENGLISH	AFRIKAANS	XHOSA	ZULU
iris	iris	isangqa seliso	isiyinge seso
jawbone	kakebeen	umhlathi	ithambo
joint	gewrig	ilungu	ilungi
kidney	nier	intso	inso
knee	knie	idolo	idolo
kneecap	knieskyf	ilivi	ivi
knees	knieë	amadolo	amadolo
knuckle	kneukel	iquphe	iqupha
leg	been	umlenze	umlenze
ligament	ligament	umsipha	umsipha
limb	ledemaat	ilungu	isitho
limbs	ledemate	amalungu	izitho
lip	lip	umlebe	udebe
lips	lippe	imilebe	izindebe
little finger	pinkie	ucikicane	ucikicane
little toe	kleintoontjie	ucikicane	uzwane
		wozwane	oluncane
liver	lewer	isibindi	isibindi
lung	long	umphunga	iphaphu
lungs	longe	imiphunga	amaphaphu
lymph glands	limfkliere	amadlala	idlala lelimfi
middle finger	middelvinger	umnwe	umunwe omude
		ophakathi	
milk-tooth	melktand	izinyo	izinyo lengane
		lobuntwana	elibuye
			likhumuke
			ukuze kuvele
			eliqinileyo
molar	kiestand	elomhlathi	ezinyo lomhlathi
mole	moesie	umkhango	umkhangu
moustache	snor	ibhovu	idevu
mouth	mond	umlomo	umlomo
muscle	spier	isihlunu	umsipha
nail	nael	uzipho	uzipho
navel	naeltjie	inkaba	inkaba
neck	nek	intamo	intamo
nerve	senuwee	umthambo-luvo	umuzwa
nose	neus	impumlo	ikhala
nostril	neusgat	ithatha	imbobo yekhala

ENGLISH	AFRIKAANS	XHOSA	ZULU
ovary	eierstok	isiyilelo-maqanda	isizalo
palate	verhemelte	inkalakahla	ulwanga
palm	handpalm	intende yesandla	impama
pupil	pupil	ukhozo lweliso	imhlamvu yeso
rib	rib	ubambo	ubambo
ribs	ribbes	iimbambo	izimbambo
saliva	speeksel	amathe	amathe
scalp	kopvel	isikhumba sentloko	isikhumba sezinwele
shin	skeen	uxhongo	ugalo
shoulder	skouer	igxalaba	ihlombe
shoulders	skouers	amagxa	amahlombe
skeleton	geraamte	uphahla lomzimba	uhlaka lomzimba
skin	vel	isikhumba	isikhumba
skull	skedel	ukhakhayi	ugebhezi lwekhanda
spinal column	ruggraat	umqolo	umgogodlo
spinal cord	rugmurg	umnqonqo	umnqonqo
spine	ruggraat	umnqonqo	umhlandla
spleen	milt	udakada	ubende
stomach	maag	isisu	isisu
teeth	tande	amazinyo	amazinyo
temple	slaap	intlafuno	inhlafuno
thigh	dy	ithanga	ithanga
throat	keel	umqala	umphimbo
thumb	duim	isithupha	isithupha
toe	toon	uzwane	uzwane
toenail	toonnael	uzipho lozwane	uzipho lozwane
toes	tone	iinzwane	izinzwane
tongue	tong	ulwimi	ulimi
tonsil	mangel	indimla	ilaka
tooth	tand	izinyo	izinyo
upper arm	bo-arm	ingalo engentla	umkhono ongenhla
vein	aar	umthambo	umthambo
vertebra	werwel	ithambo lomqolo	ithambo lomfunkulo

ENGLISH	AFRIKAANS	XHOSA	ZULU
waist	middellyf	isinqe	ukhalo
windpipe	lugpyp	uqhoqhoqho	uqhoqhoqho
wisdom tooth	verstandskies	izinyo lesiza	ibamba
womb	baarmoeder	isibeleko	isizalo
wrinkle	plooi	umbimbi	umbimbi
wrist	pols	isihlahla	isihlakala

17. CLOTHES
KLERE
IIMPAHLA
IZINGUBO

ENGLISH	AFRIKAANS	XHOSA	ZULU
apron	voorskoot	ifaskoti	ifasikoti
belt	gordel	ibhanti	ibhande
bib	borslap	incebethana yosana	ibhibhi
blazer	kleurbaadjie	ibleyiza	ibhuleyiza
blouse	bloes	iblawuzi	ibhulawuzi
bonnet	kappie	ibhonethi	ibhonethe
boot	stewel	ibhuthi	ibhuthi
bra	bra	ibra	ubra
buckle	gespe	iqhosha	ishasipele
button	knoop	iqhosha	inkinobho
button-hole	knoopsgat	umngxuma weqhosha	imbobo yenkinobho
cap	pet	ikepusi	ikepisi
cardigan	knooptrui	ikhadigeni	ikhadigeni
coat	jas	idyasi	ijazi
collar	kraag	ikhola	ukhala
costume	baadjiepak	ikhostyum	ikhositshumu
cuff	mouboordjie	isihlahla somkhono	isihlakala
dress	rok	ilokhwe	ilokwe
dresses	rokke	iilokhwe	amalokwe
dressing-gown	kamerjas	igawuni yokuvuka	igawuni yokulala
footwear	skoeisel	izihlangu	izicathulo
frock	rok	ilokhwe	ilokwe
garment	kledingstuk	isambatho	isembatho
girdle	gordel	ibhanti	ibhande
glove	handskoen	iglavi	igilavu
gloves	handskoene	iiglavi	amagilavu
handkerchief	sakdoek	itshefu	iduku
hat	hoed	umnqwazi	isigqoko

37

ENGLISH	AFRIKAANS	XHOSA	ZULU
headgear	hooftooisel	umnqwazi	idlokolo
headscarf	kopdoek	isikhafu	umnqwazo
helmet	helmet	ihelmethi	ihelmethi
jacket	baadjie	ibhatyi	ibhantshi
jeans	jeans	ijini	ijini
jersey	trui	ijezi	ijezi
kimono	kimono	ingubo yamaJapani	ingubo egqokwa abesifazane eJapani
mini	mini	imini	imini
nightdress	nagrok	ilokhwe enxitywa ebhedini	ilokwe lokulala
overall	oorpak	iovaroli	i-ovaroli
overcoat	oorjas	idyasi	ijazi
pants	broek	ibhulukhwe	ibhulukwe
pantihose (pantyhose)	kousbroekie	ipentihowusi	amasokisi abesifazane
petticoat	onderrok	ipetikoti	ipitikoti
pinafore	voorskootrok	ifaskoti	iphinifo
pocket	sak	ipokotho	iphakethe
pyjamas	pajamas	ipijama	ipijama
raincoat	reënjas	idyasi yemvula	ijazi lemvula
robe	mantel	ingubo	ingubo eshaya phansi
sandal	sandaal	imbadada	imbadada
sari	sarie	isari	isari
scarf	serp	isikhafu	isikhafu
shawl	tjalie	ityali	itshali
shirt	hemp	ihempe	ihembe
shoe	skoen	isihlangu	isicathulo
shoelace	skoenveter	umtya wesihlangu	intambo yesicathulo
shoes	skoene	izihlangu	izicathulo
shorts	kortbroek	ushoti	isikhindi
skirt	romp	isikethi	isiketi
sleeve	mou	umkhono	umkhono
slip	onderrok	ipetikoti	ipitikoti
slipper	pantoffel	imbadada	ihlibhisi
slippers	pantoffels	iimbadada	amahlibhisi

ENGLISH	AFRIKAANS	XHOSA	ZULU
sock	sokkie	ikawusi	isokisi
stocking	kous	ikawusi	ikawusi
suit	pak	isuti	isudi
tackies	tennisskoene	iiteki	amateki
tie	das	iqhina	uthayi
track suit	sweetpak	itreksuti	itreksudi
trousers	langbroek	ibhulukhwe	ibhulukwe
T-shirt	T-hemp	iT-sheti	isikibha
tunic	tuniek	ityuniki	ishunikhi
turban	tulband	ithebheni	ithebhini
underpants	onderbroek	i-andapentsi	ibhulukwe langaphansi
uniform	uniform	uyuniform	iyunifomu
uniforms	uniforms	amayuniform	izinyufomu
vest	frokkie	ivesti	ivesiti
waistcoat	onderbaadjie	iondulubhatyi	intolibhantshi
watch	horlosie	iwotshi	iwashi
wedding-dress	trourok	ilokhwe yomtshato	ungubo yomshado
zip	ritssluiter	izuphu	iziphu

18. PEOPLE/FAMILY
MENSE/FAMILIE
ABANTU/USAPHO
ABANTU/UMNDENI

ENGLISH	AFRIKAANS	XHOSA	ZULU
adult	volwassene	umntu okanye isilwanyana esidada	umuntu osekhulile
alcoholic	alkoholis	inxila	isidakwa
ancester	voorouer	ukhokho	ukhokho
aunt	tante	umakazi	umamekazi
auntie	tannie	u-anti	u-anti
babies	babas	oosana	abantwana
baby	baba	usana	umntwana
bachelor	oujongkêrel	isoka	impohlo
boy	seun	inkwenkwe	umfana
boyfriend	kêrel	insinqanda-mathe	isoka
bride	bruid	umtshakazi	umakoti
bridegroom	bruidegom	umyeni	umyeni
bridesmaid	strooimeisie	impelesi	impelesi
brother	broer	ubhuti	ubhuti
brother-in-law (sister's husband)	swaer	umkhwe	umlamu
brother-in-law (wife's brother)	swaer	umlanya	umlamu
brothers	broers	oobhuti	obhuti
child	kind	umntwana	ingane
children	kinders	abantwana	izingane
cousin	neef of niggie	umzala	umzala
dad	pa	utata	ubaba
daughter	dogter	intombi	indodakazi
daughter-in-law	skoondogter	umolokazana	umakoti
drunkard	dronkaard	inxila	isidakwa
enemy	vyand	utshaba	isitha
father	vader	utata	ubaba

ENGLISH	AFRIKAANS	XHOSA	ZULU
father-in-law	skoonpa	ubawozala	umukhwe
friend	vriend	isihlobo	umngane
friends	vriende	izihlobo	abangane
gentleman	heer	inene	injitimane
girl	meisie	intombi	intombi
girl (small)	meisie (klein)	intombazana	intombazana
girlfriend	nooi	umhlobokazi	intombi
godfather	peetoom	ummeli emphe-hlelelweni	ummeli wesilisa
godmother	peettante	ummeli emphe-hlelelweni	ummeli wesifazane
grandchild	kleinkind	umzukulwana	umzukulu
granddaughter	kleindogter	umzukulwana	umzukulu wesifazane
grandfather	oupa	ubawomkhulu	ubabamkhulu
grandmother	ouma	umakhulu	ukhulu
grandson	kleinseun	umzukulwana	umzukulu wesilisa
great-grandfather	oupagrootjie	ukhokho	ukhokho
great-grandmother	oumagrootjie	ukhulu	ukhulu
guardian	voog	umgcini	umondli
guest	gas	undwendwe	isivakashi
guests	gaste	amandwendwe	izivakashi
guide	gids	umkhokeli	umholi
hero	held	igorha	iqhawe
heroine	heldin	igorhakazi	iqhawe lowesifazane
host	gasheer	isondli	umninindlu
husband	man	umyeni	umyeni
idiot	idioot	isidenge	isilima
immigrant	immigrant	umngeneleli	umdilika
infant	suigeling	usana	ingane
inhabitant	inwoner	ummi	ohlalayo
inhabitants	inwoners	abemi	abahlalayo
king	koning	ukumkani	ukhingi
lad	knaap	umfana	umfana
ladies	dames	amanenekazi	amakhosikazi

41

ENGLISH	AFRIKAANS	XHOSA	ZULU
lady	dame	inenekazi	inkosikazi
landlord	huisbaas	umninindlu	umninindlu
leader	leier	umkhokeli	umholi
lodger	loseerder	umqeshindawo	umqashi
man	man	indoda	indoda
men	mans	amadoda	amadoda
messenger	boodskapper	isithunywa	isithunywa
miss	mejuffrou	inkosazana	unkosazane
mister	meneer	umnumzana	umnumzane
mistress	mevrou	inkosikazi	inkosikazi
mother	moeder	umama	umame
mother-in-law (of man)	skoonma	umkhwekazi	umkhwekazi
mother-in-law (of woman)	skoonma	uninazala	umamezala
neighbour	buurman (-vrou)	ummelwane	umakhelwane
nephew	neef	umtshana	umshana
niece	niggie	umtshanakazi	umshanakazi
old man	ou man	ixhego	ixhegu
old woman	ou vrou	ixhegokazi	isalukazi
orphan	weeskind	inkedama	intandane
parent	ouer	umzali	umzali
parents	ouers	abazali	abazali
person	persoon	umntu	umuntu
prince	prins	inkosana	uprinsi
princess	prinses	inkosazana	uprinsesi
queen	koningin	ukumkanikazi	ukhwini
sir	meneer	umhlekazi	inkosi
sister	suster	usisi	usisi
sister-in-law (of man)	skoonsuster	umlanyakazi	umlamu
sister-in-law (of woman)	skoonsuster	indodakazi	umlamu
sisters	susters	oosisi	osisi
son	seun	unyana	indodana
son-in-law	skoonseun	umkhwenyana	umkhwenyana
spinster	oujongnooi	inkazana	indelakazi

ENGLISH	AFRIKAANS	XHOSA	ZULU
stepchild	stiefkind	umntwana womtshato ongaphambili	umntwana wokufika
stepfather	stiefpa	utata	ubabana
stepmother	stiefma	umama	umame omusha
stranger	vreemdeling	umntu wasemzini	umufo
teenager	tienderjarige	umtsha	itshitshi (girl) ibhungu (boy)
thief	dief	isela	isela
toddler	peuter	isibothwana	ingane
tourist	toeris	umkhenkethi	isihamba
traitor	verraaier	umngcatshi	imbuka
traveller	reisiger	umhambi	umhambi
uncle	oom	umalume	umalume
villain	skurk	itshivela	ishinga
volunteer	vrywilliger	ivolontiya	uvolontiya
widow	weduwee	umhlolokazi	umfelokazi
widower	wewenaar	umhlolo	umfelwa
wife	vrou	umfazi	umfazi
woman	vrou	umfazi	umfazi
young man	jong man	inkwenkwe	insizwa
young woman	jong vrou	intombi	intombi
youngster	jongeling	umntwana	umuntu osemusha

19. CAREERS
BEROEPE
IMISEBENZI
IMISEBENZI

ENGLISH	AFRIKAANS	XHOSA	ZULU
accountant	rekenmeester	umcwangcwisi mali	umbhali wamakhawundi
acrobat	akrobaat	umphequki	umgwilingi
actor	akteur	umdlali	umdlali
advocate	advokaat	igqwetha lejaji	ummeli
air hostess	lugwaardin	umncedisikazi kwinqwelo- moya	umsizi wesifazane ebhanoyini
archaeologist	argeoloog	incutshe ngezakudala	oziphenyayo izinto zasendulo
architect	argitek	umyili wezakhiwo	isazi sokwakha
artisan	ambagsman	igcisa	umlumbi
artist	kunstenaar	i-athisti	i-athisti
assessor	waardeerder	umcebisi	umsekeli
assistant	assistent	umncedisi	umsizi
astronaut	ruimtevaarder	usomajukujuku	umphuphutheki
astronomer	astronoom	isazi- nkwenkwezi	isazi sezinkanyezi
attorney	prokureur	igqwetha	ummeli
auctioneer	afslaer	umthengisi	umdayisi
auditor	ouditeur	umphicothi- ziincwadi zemali	umhloli wamakhawundi
author	skrywer	umbhali	umbhali
baker	bakker	umbhaki	umbhaki
banker	bankier	umphathi webhanki	umphathi webhange
barber	haarkapper	umchebi	umgundi
blacksmith	grofsmid	umkhandi wentsimbi	umkhandi wensimbi

ENGLISH	AFRIKAANS	XHOSA	ZULU
bookkeeper	boekhouer	umgcini-ncwadi zemali	umphathi wamabhuku emali
bookseller	boekhandelaar	umthengisi-zincwadi	umdayisi wezincwadi
botanist	botanikus	ingcaphephe ngezityalo	ingcweti yobubhothani
brazier	kopersmid	imbawula	ingcweti yethusi
bricklayer	messelaar	imesilane	umeselandi
broker	makelaar	umrhwebi	ubhuloka
builder	bouer	umakhi	umakhi
businessman	besigheidsman	usomashishini	umhwebi
butcher	slagter	unosilarha	ubhusha
caretaker	opsigter	umgcini	ukhithika
carpenter	timmerman	umchweli	umbazi
cashier	kassier	umbali-mali	ukheshiya
char (woman)	skoonmaakster	umntu obhinqileyo oqeshelwe ukukorobha	kolobha
chauffeur	chauffeur	umqhubi wemoto oqeshiweyo	ishofa
chef	sjef	utshefu	ushefu
chemist	apteker	ikhemisti	ikhemisi
chiropodist	voetkundige	incutshe enyanga iinkathazo zeenyawo neenzipho zeenzwane	umlungisi wezinzipho nezinzwane
clerk	klerk	unobhala	umbhali
cobbler	skoenmaker	umntlakazi	ushumeka
collier	steenkool-mynwerker	ummbi wamalahle	umumbi wamalahle
commissioner of oaths	kommissaris van ede	umfungisi	umfungisi

45

ENGLISH	AFRIKAANS	XHOSA	ZULU
compositor	lettersetter	ichule elidibanisa oonobumba bokushicilela	umcoshi wamathayiphi
conducter (music)	dirigent	umbhexeshi	umasikandi
conducter (train)	kondukteur	umnqomfi-matikiti	ukhondakta
constable	konstabel	ipolisa	iphoyisa
cook	kok	umpheki	umpheki
costermonger	groente en vrugte smous	umthengisi weziqhamo nemifuno estratweni	umthengisi ohamba ethengisa izithelo nemifino
councillor	raadslid	ilungu lebhunga	ilungu lasebandla
cowherd	beeswagter	umalusi weenkomo	umalusi wezinkomo
curator	kurator	umgcini	umphathi
dentist	tandarts	ugqirha wamazinyo	udokotela wamazinyo
doctor	dokter	ugqirha	udokotela
draftsman	tekenaar	umyili	umdwebi
draper	klerasie-handelaar	umthengisi wamalaphu	umthengisi wezindwangu
driver	bestuurder	umqhubi	umshayeli
economist	ekonoom	umntu onoqoqosho	uchwepheshe kwezomnotho
editor	redakteur	umhleli	umhleli
electrician	elektrisiën	usombane	isazi sikagesi
employer	werkgewer	umqeshi	umqashi
engineer	ingenieur	injineli	injiniya
estate agent	eiendomsagent	umthengiseli womhlaba nezakhiwo	umthengisi wezindlu nemihlabathi
evangelist	evangelis	umshumayeli	umvangeli
farmer	boer	umfama	ifama
fireman	brandweerman	umcimi-mlilo	umcishi womlilo
fisherman	visser	umlobi	umdobi

ENGLISH	AFRIKAANS	XHOSA	ZULU
florist	bloemis	umthengisi ntyatyambo	umthengisi wezimbali
foreman	voorman	ifolomani	induna
forester	bosbouer	usomahlathi	umgadi wamahlati
fruiterer	vrugte handelaar	umthengisi ziqhamo	umthengisi wezithelo
gardener	tuinier	umsebenzi-gadi	umlimi
geologist	geoloog	umjoloji	isazi sejiyoloji
glazier	glasmaker	umntu ofakel-'iglasi	ofaka izingilazi emafasiteleni
goldsmith	goudsmit	umkhandi wegolide	umkhandi nomenzi wezinto zegolide
greengrocer	vrugte en groente handelaar	umthengisi-mifuno	umthengisi wemifino nowezinye izilimo
grocer	kruidenier	umthengisi-kutya	igilosa
hairdressser	haarkapper	umchebi	umcwali
hawker	smous	isimawusi	umshakazi
herbalist	kruiedokter	ixhwele	inyanga yamakhambi
inspector	inspekteur	umhlodi	umhlodi
insurance agent	assuransie-agent	umthengisi weinshorensi	umthengisi womshwalense
ironmonger	ysterhandelaar	umthengisi wempahla yentsimbi	othengisa ngempahla eyenziwe ngensimbi
jeweller	juwelier	umthengisi matye anqabileyo	usojuweli
jockey	jokkie	idyoki	ujoki
joiner	skrynwerker	umcheweli	umbazi
journalist	joernalis	intatheli	intatheli
judge	regter	ijaji	ijaji

ENGLISH	AFRIKAANS	XHOSA	ZULU
labourer	arbeider	umsebenzi	isisebenzi
lawyer	advokaat	igqwetha	ummeli
lecturer	lektor	umfundisi	umfundisi
librarian	bibliotekaris	unoncwadi	umphathi welabhulali
locksmith	slotmaker	umkhandi wamaqhagi	umkhandi wezihluthulelo
manager	bestuurder	umanejala	imeneja
masseur	masseur	umphululi	umphothuli
matron	matrone	umeyitroni	umatroni
mayor	burgemeester	usibonda wedolophu	imeya
mechanic	werktuig-kundige	umkhandi	umakheniki
merchant	handelaar	umrhwebi	umhwebi
miner	mynwerker	isimba-mgodi	osebenza emgodini
minister (in church)	predikant	umfundisi	umfundisi
missionary	sendeling	umfundisi	umfundisi
model	model	umbumbi	isiboniso
monk	monnik	imonki	indela
musician	musikant	umculi	umculi
nightwatchman	nagwag	umantshi-ngilane	ugadi
nun	non	unongendi	isisitela
nurse	verpleegster (verpleeg-kundige)	umongikazi	unesi
nurseryman	kweker	umnini wesi-tiya sezithole	umthengisi wezithombo
organist	orrelis	umdlali wohadi	umshayi weogani
outfitter	klerehandelaar (mans)	umthengisi wempahla	umthengisi wezinto ezigqokwayo
panel-beater	duikklopper	umvusi-mizimba yemoto	umcangcathi wezimoto
parson	predikant	umfundisi	umfundisi

48

ENGLISH	AFRIKAANS	XHOSA	ZULU
pawnbroker	pandjieshouer	umntu obole-kisa ngemali ngokwamkela isibambiso	oboleka ngemali athathe izibambiso
pedlar	smous	isimawusi	othilazayo
pharmacist	apteker	unokhemesti	umkhemisi
photographer	fotograaf	umfoti	umthwebuli wezithombe
physician	internis	ugqirha	udokotela
pilot	loods	umqhubi wenqwelo-ntaka	umshayeli wendiza
plumber	loodgieter	umtywini	upulamba
policeman	polisieman	ipolisa	iphoyisa
porter (doorkeeper)	portier	umgcini-sango	imvali
porter(luggage)	kruier	umthwali	umthwaleli
postman	posbode	unoposi	umuntu weposi
postmaster	posmeester	iposmasta	umaposi
potter	pottebakker	umbumbi	umbumbi
poulterer	pluimvee-handelaar	umfuyi weenkuku	othengisa ngezinkuku
preacher	predikant	umshumayeli	umshumayeli
priest	priester	umpriste	umpristi
principal	skoolhoof	inqununu	uthishanhloko
printer	drukker	umshicileli	umshicileli
professor	professor	injingalwazi	uprofesa
psychiatrist	psigiater	ugqirha wezifo zengqondo	isazi sezifo zengqondo
psychologist	sielkundige	umfundi negcisa lepsychology	isazi sokuse-benza kwengqondo nemicabango yomuntu
publisher	uitgewer	umshicileli zincwadi	umshicileli wezincwadi
reporter	verslaggewer	intatheli	intatheli
road-worker	padwerker	umlungisi-ndlela	isisebenzi sasemgwaqweni

ENGLISH	AFRIKAANS	XHOSA	ZULU
saddler	saalmaker	umenzi weesali	umthungi wezihlalo nezinye izimpahla zamahashi
sailor	matroos	umatiloshe	itilosi
salesman	verkoopsman	umthengisi	umthengisi
scavenger	straatveër	umtshayeli wezitrato	umthuthambi
scientist	wetenskaplike	isazinzulu	umsayensi
sculptor	beeldhouer	umqingqi	umqophi
seamstress	naaldwerkster	umthungikazi	umthungikazi
secretary	sekretaris	unobhala	unobhala
servant	bediende	isicaka	isisebenzi
sexton	koster	obetha intsimbi	umbheki-sonto
shepherd	skaapwagter	umalusi	umalusi
sheriff	balju	umgwebi wesithili	iphoyisa eliphatha isifunda
shipwright	skeepsbouer	umakhi wenqanawa	umakhi wemikhumbi
shoemaker	skoenmaker	umntlakazi	ushumeka
shopkeeper	winkelier	unovenkile	umnini-sitolo
shunter	rangeerder	umshenxisi nqwelo zakwaloliwe	umshendelisi-matilogo
silversmith	silwersmid	umkhandi wesilivere	umkhandi-siliva
sister (hospital)	suster	usista	isisitela
soldier	soldaat	isoldati	isosha
solicitor	prokureur	igqwetha	ummeli
stationer	boekhandelaar	umthengisi wezinto zokubhala	othengisa okokubhala
station-master	stasiemeesmeester	umphathi sitishi	umasiteshi
stevedore	dokwerker	umsebenzi olayisha othule inqanawa	umlayishi-mkhunjini
steward	kelner	igosa	igosa
stoker	stoker	umkhwezeli	umbaseli

English	Afrikaans	Xhosa	Zulu
storekeeper	winkelier	unovenkile	umnini-sitolo
surgeon	chirug	ugqirha	udokotela
		wokuhlinza	wokuhlinza
surveyor	landmeter	unocanda	umlinganisi
switchboard	telefonis	umqhagamshe-	umxhumanisi
operator		lanisi	wezingcingo
		kwezengcingo	
tailor	kleremaker	umthungi	umthungi
tanner	looier	umsuki	umshuki
teacher	onderwyser	ititshala	uthishela
teller	teller	ithela	ithela
ticket-examiner	kaartjies-	umnqomfi	umhlodi
	ondersoeker	weetikiti	wamathikithi
tinker	blikslaer	ukukhanda	umkhandi
tobacconist	tabakhandelaar	umthengisi-	othengisa
		cuba	ngogwayi
traffic officer	verkeers-	igosa leendlela	iphoyisa letrefiki
	beampte		
train-driver	masjinis	umqhubi	umshayeli
		kaloliwe	wesitimela
translator	vertaler	umguquli	umhumushi
typesetter	lettersetter	umdibanisi	umcoshi wama-
		woonobumba	thayiphi
		abaza	
		kushicilelwa	
typist	tikster	umchwethezi	ithayiphisi
undertaker	lykbesorger	umngcwabi	umngcwabi
upholsterer	stoffeerder	umnto owenza	ummbozi-
		loo nto	zihlalo
usher	plekaanwyser	umgcini-sango	umngenisi
		enkundleni	
vet(veterinary	veearts	ugqirha	udokotela
surgeon)		wemfuyo	wezilwane
waiter	kelner	iweyitara	uweta
waitress	kelnerin	umkhonzikazi	uweta
		wabatyayo	wesifazane
watchmaker	horlosiemaker	umkhandi	umkhandi
		weewotshi	wamawashi
welder	sweiser	umdibanisi	umshiseli

ENGLISH	AFRIKAANS	XHOSA	ZULU
witch-doctor	toordokter	isanuse	isangoma
zoologist	dierkundige	igcisa ngezilo	isazi sempilo yezilwane

20. THE HOUSE
DIE HUIS
INDLU
INDLU

English	Afrikaans	Xhosa	Zulu
back door	agterdeur	umnyango ojonga ngasemva	umnyango wangemuva
backyard	agterplaas	iyadi yangasemva	igceke elinge-muva
balcony	balkon	ibhalkoni	ibhalikhoni
bathroom	badkamer	indlu yokuhlambela	ibhavulumu
beam	balk	umqadi	ugongolo
bedroom	slaapkamer	indlu yokulala	ibhedilumu
braai	braai	indawu yokoja	indawo yokosa
brick	steen	isitena	isitini
bricks	stene	izitena	izitini
burglar bars	diefwering	iintsimbi zokuthintela amasela	ibheglagadi
ceiling	plafon	isilingi	isilingi
cellar	kelder	isela	isela
cement	sement	isamente	usemende
chimney	skoorsteen	itshimini	ushimula
corrugated iron	sinkplate	amazinki	amasenke
cottage	kothuis	indlwana	indlwana
dining-room	eetkamer	indlu yokutyela	ikamelo lokudlela
door	deur	ucango	isivalo
doors	deure	iingcango	izivalo
driveway	oprit	idriveway	idrayiviweyi
electric cable	elektriese kabel	intambo yombane	indophi kagesi
electric light	elektriese lig	isibane sombane	isibane sikagesi
electric switch	elektriese skakelaar	isiqhawulo sombane	iswishi sikagesi

ENGLISH	AFRIKAANS	XHOSA	ZULU
electric wire	elektriese draad	ucingo lombane	ucingo lukagesi
electricity	elektrisiteit	umbane	ugesi
fence	heining	ucingo	ifensi
floor	vloer	umgangatho	ifulo
floorboard	vloerplank	umgangatho weplanga	amapulangwe efulo
front door	voordeur	umnyango ongaphambili	umnyango ongaphambili
garage	motorhuis	igaraji	igalaji
garden	tuin	igadi	ingadi
gate	hek	isango	isango
gutter	geut	igatha	igatha
hallway	voorportaal	iholwana yokungena	ihholo
hedge	heining	uthango	uthango
home	woonplek	ikhaya	ikhaya
house plan	huisplan	iplani yendlu	okwasendlini
key	sleutel	isitshixo	ukhiye
kitchen	kombuis	ikhitshi	ikhishi
lawn	grasperk	ibala lengca	ingilazi
lounge	sitkamer	ilawunji	ilawunji
pantry	spens	ipentri	iphentri
passage	gang	ipaseji	iphasiji
plug	kragprop	iplagi	ipulagi
roof	dak	uphahla	uphahla
study	studeerkamer	istadi	istadi
swimming-pool	swembad	ichibi lokudada	ichibi lokubhu-kuda
toilet	toilet	indlu yangasese	indlu encane
verandah	stoep	iveranda	uvulanda
wall	muur	udonga	udonga
window	venster	ifestile	ifasitela
window-sill	vensterbank	umgubasi wefestile	iwindosili
yard	werf	ibala	iyadi

21. KITCHEN
KOMBUIS
IKHITSHI
IKHISHI

ENGLISH	AFRIKAANS	XHOSA	ZULU
basket	mandjie	ibhaskithi	ubhasikidi
bottle	bottel	ibhotile	ibhodlela
bowl	bak	isitya	isikotela
bread-bin	broodblik	isigcini-sonka	isiphathisinkwa
breadboard	broodplank	iplanga lesonka	uqwembe loku-sikela isinkwa
bread-knife	broodmes	imeyla yesonka	ummese wesinkwa
broom	besem	umtshayelo	umshanelo
bucket	emmer	iemele	ibhakede
cake plate	koekbord	ipleyiti yekeyiki	isitsha sekhekhe
carving set	voorsnystel	iseti yeemela	imimese yoku-sika inyama
casserole	bakskottel	isitya soku-bhaka	indishi yoku-pheka
chair	stoel	isitulo	isihlalo
chairs	stoele	izitulo	izihlalo
clock	horlosie	iwotshi	ikilogo
coffee perculator	sypelkan	umashini woku-bisisa ikofu	isibilisikhofi
coffee-pot	koffiekan	ikofupoti	ikhofibhodwe
container	houer	isikhongozelo	okokuphatha
corkscrew	kurktrekker	isikrufu soku-vula ipropu	isivulikhokho
crockery	breekgoed	izitya ezenziwe ngodongwe olutshisiweyo	izitsha zebumba
cup	koppie	ikomityi	inkomishi
cups	koppies	iikomityi	izinkomishi
curtain	gordyn	ikhetini	ikhethini
cutlery	messegoed	izixhobo zokutya	izikhali zokudla

ENGLISH	AFRIKAANS	XHOSA	ZULU
deep-freeze	vrieskas	idipfrizi	idiphufrizi
dessert-bowl	poedingbakkie	isityana sesi-muncumunca	isitsha sephudingi
dessert-spoon	dessertlepel	icephe eliphakathi	isipuni sokudla
dish	bak	isitya	indishi
dishcloth	vadoek	ifadukhwe	imfaduko
dishes	bakke	izitya	izindishi
dishwasher	skottelgoed-wasser	umashini wokuhlamba izitya	isihlanzizitsha
dresser	buffet	ikhabhathana yasegumbini lokulala	idresa
duster	stoflap	isisulo	isesulo
dustpan	skoppie	idastpani	ipani lezibi
egg cup	eierkelkie	ikopi yeqanda	inkomishi yeqanda
egg-beater	eierklitser	isiqhuqhi-qanda	isiphehli maqanda
electric fan	elektriese waaier	ifeni ehanjiswa ngumbane	isiphephezelo kagesi
electric mixer	elektriese menger	isixubi sikagesi	umshini woku-xuba
electric stove	elektriese stoof	isitovu segesi	isitofu sikagesi
extractor fan	suigwaaier	ifeni yomoya	ifeni esashimula
fish-fork	visvurk	ifolokhwe yentlanzi	imfologo yokudla inhlanzi
fish-knife	vismes	imela yentlanzi	ummese wokudla inhlanzi
fork	vurk	ifolokhwe	imfologo
forks	vurke	iifolokhwe	izimfologo
fridge	yskas	ifriji	ifriji
frying-pan	pan	ipani yoku-qhotsa	ipani lokosa
gas stove	gasstoof	isitovu segesi	isitofu segesi
glass	glas	iglasi	ingilazi
glasses	glase	iiglasi	izingilazi

ENGLISH	AFRIKAANS	XHOSA	ZULU
grater	rasper	igreyitha	igretha
grill	rooster	irostile	igrili
iron	strykyster	iayini	iayini
ironing-board	strykplank	iplanga lokuayinela	ipulangwe lokuayina
jug	beker	ijagi	ujeke
kettle	ketel	iketile	iketelo
kitchen sink	opwasbak	isinki	isinki
knife	mes	imela	ummese
knives	messe	iimela	immese
lid	deksel	isiciko	isidikiselo
liquidiser	versapper	ilikhwidayiza	isenzaluketshezi
measuring-jug	maatbeker	ijoko yokumeta	ijeke lokulinganisa
microwave oven	mikrogolf-oond	ioveni eyimakhroweyivi	uhhavini oyimakhrowevi
mincer	vleismeul	umashini wokucumza inyama	isigayo senyama
mop	stokdweil	imophu	isesuli
mug	beker	imagi	imagi
napkin	servet	iseviyeti	isafethe
oven	oond	ioveni	uhovini
pan	pan	ipani	ipani
paraffin-stove	paraffienstoof	isitovu sepalafini	isitofu sikaphalafini
pepper-mill	pepermeul	ilitye lokusila ipepile	isiqayo sikapelepele
pepper-pot	peperpot	imbiza yepepile	isitshana sikaphepha
plate	bord	ipleyiti	ipuleti
plates	borde	iipleyiti	amapuleti
polisher	poleerder	isigudisi	umshini wokupholisha
power plug	kragprop	iplagi yombane	iplagi yamandla
pressure cooker	drukkastrol	imbiza epheka ngomphunga	iphreshakhukha
refrigerator	yskas	ifriji	ifriji
rubbish-bin	vuilgoedblik	umgqomo	isiphathizibi

ENGLISH	AFRIKAANS	XHOSA	ZULU
salad-bowl	slaaibak	ingqoko yesaladi	isitsha sesaladi
salt-cellar	soutpot	isitya setyuwa	ibhodlelana likasawoti
saucer	piering	isosala	isosa
saucepan	kastrol	isosipani	isosipani
serviette	servet	iseviyeti	isafethe
sieve	sif	isefu	isisefo
sink	opwasbak	isinki	isinki
soup-bowl	sopbakkie	isityana sesuphu	isitsha sesobho
soup-spoon	soplepel	icephu lesuphu	ukhezo lwesobho
spoon	lepel	icephe	isipunu
spoons	lepels	amacephe	izipuni
stove	stoof	isitovu	isitofu
switch	skakelaar	iswitshi	iswishi
table	tafel	itafile	itafula
table-cloth	tafeldoek	itafilduke	indwangu yetafula
tablespoon	eetlepel	icephe zokutya	ukhezo
tap	kraan	itephu	umpompi
tea-cosy	teemus	isigcini-bushushu	ithikhosi
teacup	teekoppie	ikomityi yeti	ikomishi yetiye
teapot	teepot	itipoti	ithibhothi
tea-spoon	teelepel	itispuni	ithisipuni
tea-strainer	teesiffie	istreyina seti	isisefo setiye
tea-trolley	teewaentjie	itroli yeti	inqolana yetiye
tin foil	tinfoelie	inkcenkce efana nephepha	uqweqwe lwethini
tin-opener	bliksnyer	isixhobo soku-vula inkonkxa	isivulithini
toaster	broodrooster	ithowusta	ithositha
tray	skinkbord	itreyi	ithileyi
tumble-drier	tuimeldroër	umashini woko-misa impahla	umshini woku-khama
vacuum cleaner	stofsuier	umashini wokutshayela	umshini wekhaphethi

ENGLISH	AFRIKAANS	XHOSA	ZULU
vacuum flask	warmfles	iflaski	ifulaski
washing-machine	wasmasjien	umashini wokuvasa	umshini wokuwasha
wooden spoon	houtlepel	igxebeka	isifoloza

22. LOUNGE
SITKAMER
ILAWUNJI
ILAWUNJI

ENGLISH	AFRIKAANS	XHOSA	ZULU
aerial	lugdraad	ieriyali	uthi lomsakazo
amplifier	versterker	iamplifaya	iamplifaya
armchair	leunstoel	isitula sokuhlala	isihlalo
ashtray	asbakkie	isityana sothuthu	i-eshithreyi
bookcase	boekrak	ikhabhathi yeencwadi	ibhukukhesi
carpet	mat	ikhaphethi	ikhaphethe
chair	stoel	isitulo	ishalalo
coffee-table	koffietafel	itafilana	itafulo lekhofi
curtain-rod	gordynstok	intsimbi ejinga	induku yama-khethini
curtains	gordyne	imikhusane	amakhethini
cushion	kussing	umqamelo	ikhushini
dining-table	eettafel	itafile yokutyela	itafula lokudlela
display cabinet	vertoonkas	idisipleyi	ikhabethe lokukhangisa
electric heater	elektriese verwarmer	isifudumezi sombane	ihhitha kagesi
fire-grate	kaggelrooster	iintsinjana zokubasela	uhlaka lokubasela
fireplace	kaggel	iziko	iziko
fire-screen	vuurskerm	isikhuse li-mlili	umpheme womlilo
grandfather clock	staanhorlosie	iwotshi enga-sahambiyo	ikilogo elikhulu
heater	verwarmer	isifudumezi	ihhita
lamp	lamp	isibane	ilambu
lounge suite	sitkamerstel	iondulubhatyi nebhulukhwe	isudi lokugqo-kwa emini

ENGLISH	AFRIKAANS	XHOSA	ZULU
mantelpiece	kaggelrak	ithalana eliphezu kweziko	ishelufu eliphezu kweziko
picture	prent	umfanekiso	isithombe
radio	radio	irediyo	irediyo
reclining chair	lêstoel	isitulo esiqethukayo	isihlalo sokuqhiyama
record-player	platespeler	isidlala-zipleyiti	isidlali-marekhodi
rocking-chair	rystoel	isitulo esishukumayo	untenga
rug	mat	imethi	umata
settee	rusbank	isofa	usofa
sideboard	buffet	isayibhothi	isayidibhodi
sofa	rusbank	isofa	usofa
speaker	luidspreker	ispikha	isandisilizwi
tape deck	bandspeler	isidlali-teyiphu	ithephurikhoda
telephone	telefoon	ifoni	uthelefoni
television	televisie	ithelevizhini	ithelevishini
vase	blompot	ivazi	ivazi
video recorder	video-op-nemer	ivideo	ividiyorekhoda
wall-to-wall carpet	volvloermat	ikhapethi egqibe indlu yonke	ikhaphethi engugudludonga

23. BEDROOM
SLAAPKAMER
INDLU YOKULALA
IBHEDILUMU

ENGLISH	AFRIKAANS	XHOSA	ZULU
alarm clock	wekker	iwotshi ekhalayo	ikilogo
bed	bed	ibhedi	umbhede
bed-linen	beddegoed	amashiti	izingubo zombhede
bedside cabinet	bedkassie	ikhabhathi yangasebhedini	ikhabethe elisecako-mbhede
bedside lamp	bedlamp	isibane sangasebhedini	isibane sasembhedeni
bedspread	deken	ibhedspredi	isipredi
blanket	kombers	ingubo	ingubo
built-in cupboard	muurkas	ikhabhathi eyakhelwe eludongeni	ikhabethe
chest of drawers	laaikas	ikasi yeedrowa	ikhabethe elinamadilowa
cot	bababed	ikhoti	ikhothi
crib	wiegie	ibhedi yosana	umbhede wengane
cupboard	kas	ikhabhathi	ikhabhethe
divan	divan	idivan	idivani
double bed	dubbelbed	idabul-bhedi	umbhede oyidabuli
drawer	laai	idrowa	idilowa
dressing-table	spieëltafel	itafile yokunxibela	idresingithebuli
duvet	duvet	iduveyi	iduveyi
eiderdown	donskombers	iayidadawuni	i-adadawuni
headboard	kopstuk	ihedibhodi	ihedibhodi
kist	kis	ityesi	umphongolo
mattress	matras	umatrasi	umatrasi

ENGLISH	AFRIKAANS	XHOSA	ZULU
mirror	spieël	isipili	isibuko
pillow	kussing	umqamelo	umcamelo
pillowslip	kussingsloop	isilophu somqamelo	isikhwama somcamelo
quilt	kwilt	ikhwiliti	ikhwilithi
sheet	laken	ishiti	ishidi
single bed	enkelbed	isingili bhedi	umbhede wesingili
wardrobe	hangkas	iwodrophu	iwodirobhu

24. BATHROOM
BADKAMER
INDLU YOKUHLAMBELA
IBHAVULUMU

ENGLISH	AFRIKAANS	XHOSA	ZULU
bath	bad	ibhafu	ubhavu
bath-mat	badmat	imethi yebhafu	umata webhavu
bath-plug	badprop	isivingco sebhafu	isivalo sobhavu
cistern	spoelbak	ithobhi	itangi
cold-water tap	kouewaterkraan	itepu yamanzi abandayo	umpompi wamanzi abandayo
face-cloth	waslap	ivasi-laphu	indwangu yokugeza
geyser	geiser	igiza	isiphethu samanzi ashisayo
hot-water tap	warmwaterkraan	itepu yamanzi ashusu	umpompi wamanzi ashisayo
medicine cabinet	medisynekassie	indawo yamayeza	ikasi lomuthi
nail-brush	naelborsel	ibrashi yeenzipho	ibhulashi lezinzipho
overflow	oorloop	ukuphuphuma	ukuchichima
plug-hole	propgat	isivingco	umgodi
razor	skeermes	ireyiza	ireyiza
razor-blade	skeerlemmetjie	ibleyidi	insingo
sewage pipe	rioolpyp	umbhobho wesureji	ipayipi lendle
shampoo	sjampoe	isihlambi-nwele	ishampu
shaving-brush	skeerkwas	ibrashi yokutsheva	ibhulashi lokusheva
shaving-cream	skeerroom	ikhrim yokutsheva	insipho yokusheva
shower	stortbad	ishawari	ishawa

ENGLISH	AFRIKAANS	XHOSA	ZULU
shower cubicle	storthokkie	igunjana leshawa	indawo yokushawa
shower curtain	stortgordyn	umkhusane weshawari	ikhetheni leshawa
soap	seep	isepha	insipho
soap-dish	seepbakkie	isityana sesepha	isiphathinsipho
sponge	spons	isiponji	isipanji
toilet seat	bril	isihlalo sasese	isihlalo selavathi
toilet-bowl	toiletbak	ithobhi	ilavathi
toilet-paper	toiletpapier	iphepha yangasese	iphepha laselavathi
tooth-brush	tandeborsel	ibhrashi yamazinyo	ibhulashi lamazinyo
toothpaste	tandepasta	intlama yamazinyo	umuthi wamazinyo
towel	handdoek	itawuli	ithawula
towel-rail	handdoekreling	intsimbi yoku-xhoma itawuli	isilengisi-thawula
towels	handdoeke	iitawuli	amathawula
wall-tile	muurteël	ithayile yodonga	itayili
wash-basin	wasbak	isitya sokuhlambela	iwashibheseni
water-pipe	waterpyp	umbhobho wamanzi	ipayipi lamanzi

25. WORKSHOP
WERKWINKEL
INDLU YOKUSEBENZELA
ISHABHU

ENGLISH	AFRIKAANS	XHOSA	ZULU
awl	els	inyatyhoba	usungulo
bolt	bout	isikhonkwane esinamaqoqo	ibholithi
chain-saw	kettingsaag	isarha yetyathanga	isaha leketango
chisel	beitel	itshizile	ishizolo
drill	boor	ibhola	ibhola
file	vyl	ifili	ifayili
glue	gom	iglu	iglu
hack-saw	ystersaag	isarha-ntsimbi	isaha lensimbi
hammer	hamer	ihamile	isando
nails	spykers	izikhonkwane	izipikili
nut	moer	imortyisi	inati
paint	verf	ipeyinti	upende
paintbrush	verfkwas	ibrashi yokupeyinta	ibhrashi lokupenda
pliers	knyptang	iplayazi	udlawu
sandpaper	skuurpapier	isandiphepha	usandiphepha
saw	saag	isarha	isaha
screw	skroef	isikulufu	isikulufu
screwdriver	skroewedraaier	isikudilayiva	isikuludilayiva
shelf	rak	ishelufa	ishalofu
spanner	moersleutel	isipanela	isipanela
spanners	moersleutels	izipanela	izipanela
step-ladder	trapleer	ileri emfutshane	isitebhisi
washer	waster	iwasha	iwashela
wire	draad	ucingo	ucingo
wire brush	draadborsel	ibrashi yocingo	ibrashi lensimbi
wood	hout	umthi	ukhuni
work-bench	werkbank	ibhentshi yokusebenzela	ibhange lokusebenzela

26. GARDEN
TUIN
IGADI
INGADI

ENGLISH	AFRIKAANS	XHOSA	ZULU
axe	byl	izembe	imbazo
bush	bossie	ityholo	isihlahla
clay	klei	udongwe	udongwe
compost	kompos	ikhomposi	ikhomposi
edge-trimmer	randafwerker	umashini wokuphetha	isiphundli
fertilizer	kunsmis	isichumiso	umanyolo
flower	blom	intyatyambo	imbali
flower-bed	blombedding	ibhedi yeentyatyambo	umbhede wezimbali
flowers	blomme	iintyatyambo	izimbali
furrow	(lei)voor	umsele	umsele
garden fork	tuinvurk	ifolokhwe yegadi	imfologo yengadi
garden hose	tuinslang	ithumbu legadi	ithumbu lokunisela
gardener	tuinier	umsebenzi-gadi	umlimi
grass	gras	ingca	utshani
greenhouse	kweekhuis	indlwana yokuntshulisa izityalo	indlu eluhlaza
hand-fork	tuinvurkie	ifolokhwana yesandla	imfologo yesandla
hoe	skoffelpik	igaba	igeja
hose-pipe	tuinslang	ithumbu legadi	ithumbu lokunisela
ladder	leer	ileli	iladi
lawn	grasperk	ibala lengca	ingilazi
lawn-mower	grassnyer	umashini wokusika ingca	umshini wokusika utshani
leaves	blare	amagqabi	amakhasi
manure	mis	umgquba	umqubo
pickaxe	pik	ipeki	ipiki

ENGLISH	AFRIKAANS	XHOSA	ZULU
plant	plant	isityalo	isithombo
plants	plante	izityalo	izithombo
pot plant	potplant	isityalo	isitshalo
		esikhula	sasendlini
		enkonkxeni	
pruning-shears	snoeiskêr	isikere soku-thena imithi	isikelo semithi
rake	hark	iharika	ihhala
sand	sand	intlabathi	isihlabathi
scarecrow	voëlverskrikker	isoyikiso	isachuse
seed	saad	imbewu	imbewu
shears	tuinskêr	isikere	isikelo sengadi
shovel	skopgraaf	isikophu	ifosholo
shrub	struik	isigcume	isihlahlana
sickle	sekel	isikile	isikela
spade	graaf	umhlakulo	isipete
sprinkler	sproeier	isiprinkila	isifafazi
step-ladder	trapleer	ileri emfutshane	isitebhisi
stone	klip	ilitye	ilitshe
topsoil	bogrond	umhlaba ongaphezulu	umhlabathi ophezulu
tree	boom	umthi	umuthi
trowel	tuingrafie	umhlakulwana	itrofela
watering-can	gieter	isinkcenkcesheli	isichelo
weed-killer	onkruiddoder	isibulali-khula	isibulalikhula
weeds	onkruid	ukhula	ukhula
wheelbarrow	kruiwa	ikiriva	ibhala

27. FARM
PLAAS
IFAMA
IFAMU

ENGLISH	AFRIKAANS	XHOSA	ZULU
animals	diere	izilwanyana	izilwane
auction	veiling	ifandesi	indali
barn	skuur	ishedi	ingobo
bore-hole	boorgat	umngxuma wesitsala-manzi	imbhobo
breed	ras	uhlobo	uhlobo
bridle	toom	umkhala	itomu
bull	bul	inkunzi	inkunzi
bull calf	bulkalf	induna	umdudu
canal	kanaal	umjelokazi	ikhanela
cattle	vee	iinkomo	izinkomo
combine (harvester)	stroper	umashini ovunayo nobhulayo ngaxeshanye	inhlanganisela
cow	koei	imazi	imazi
cultivation	verbouing	ukulima	ukulima
dam	dam	idama	idamu
dipping tank	dipgat	idiphu	idiphu
farmer	boer	umfama	ifama
farmhouse	plaashuis	umzi womlimi	indlu yepulazi
farmyard	plaaswerf	intendelezo yefama	igceke lasepulazini
fertilizer	kunsmis	isichumiso	umanyolo
foot-and-mouth disease	bek-en-klouseer	inyebethu	amatele
fowl	hoender	inkuku	inkukhu
fruit	vrugte	isiqhamo	izithelo
furrow	voor	umjelo	umsele
furrows	vore	imijelo	imisele
goat	bok	ibhokhwe	imbuzi
grain	graan	iinkozo	okusanhlamvu
halter	halter	ihaltile	ihaliti

ENGLISH	AFRIKAANS	XHOSA	ZULU
harrow	eg	ierhe	ihala
harvest	oes	isivuno	isivuno
harvester	snymasjien	umvuni	umshini wokuvuna
hay	hooi	ifula	uhhoyi
haystack	hooimied	isitha sefula	inqwaba yotshani obomileyo
horse	perd	ihashe	ihhashi
irrigation	besproeiing	ukunkcenkce-shela	okucunulayo
kraal (animals)	kraal (vee)	isibaya	isibaya
labourer	arbeider	umsebenzi	isisebenzi
lamb	lam	itakane legusha	imvana
livestock	vee	impahla efuyiweyo	impahla
loft	solder	iqonga eliphezulu	indawo endlini engaphansi kophahla
lorry	lorrie	ilori	iloli
lucerne	lusern	iluseni	ilusene
maize	mielies	umbona	ummbila
merino (sheep)	merino (skaap)	uhlobo oluthile lwegusha	isiklabhu
oats	hawer	ihabile	ifoliji
orchard	vrugteboord	ibhoma	ingadi yemithi yezithelo
ostrich	volstruis	inciniba	intshe
ox	os	inkabi yenkomo	inkabi
pig	vark	ihagu	ingulube
pig-sty	varkhok	ihoko yehagu	isibaya sengulube
plant	plant	isityalo	isithombo
plough	ploeg	ikhuba	ipuluho
pony	ponie	iponi	iponi
poultry	pluimvee	iinkuku	okusankukhu
reservoir	opgaardam	idama	idamu
saddle	saal	isali	isihlalo sehashi
seed	saad	imbewu	imbewu

ENGLISH	AFRIKAANS	XHOSA	ZULU
shed	skuur	ishedi	ishede
silo	silo	isisele sefula	isayilo
stable	stal	isitali	isitebelo
stirrup	stiebeuel	istibili	isitibili
sugar-cane	suikerriet	ummoba	umoba
tobacco	tabak	icuba	ugwayi
tractor	trekker	itrekta	ithrektha
trailer	sleepwa	itreyila	umlandeli-mkhondo
vegetables	groente	imifuno	imifino
vineyard	wingerd	isidiliya	isivini
wheat	koring	ingqolowa	ukolo
windmill	windpomp	iphiko	isondo loku-mpompa amanzi

28. TOWN
STAD
IDOLOPHU
IDOLOBHA

ENGLISH	AFRIKAANS	XHOSA	ZULU
art gallery	kunsgalery	igumbi le zobugcisa	igalari yoko-buciko
avenue	laan	iavenyu	umhube
bank	bank	ibhanki	ibhange
bioscope	bioskoop	ibhayoskophu	ibhayiskobho
box-office	kaartjieloket	iofisi yokuthenga itikiti	indawo yokuthenga amathikithi
bridge	brug	ibrorho	ibhuloho
building	gebou	isakhiwo	ibhilidi
building society	bougenootskap	umbutho wowakha	inhlangano yokwakha
bus stop	bushalte	istop sebhasi	isitobhi
butchery	slaghuis	isilarha	isilaha
café	kafee	ikhefi	ikhefi
church	kerk	inkonzo	isonto
cinema	bioskoop	ibhayoskopu	ibhayisikobho
cul-de-sac	cul-de-sac	isitrato esivalekileyo ngaphambili	impulampula
dry-cleaner	droogskoon-makery	umdrayiklini	umdrayiklini
flat	woonstel	iflethi	ifulathi
fountain	fontein	umthombo	umthombo
graveyard	begraafplaas	intendelezo yamangcwaba	indawo yamathuna
hospital	hospitaal	isibhedlele	isibhedlela
hostel	koshuis	ihostele	ihostela
hotel	hotel	ihotele	ihotela
inn	herberg	indlu yabahambi	ihotela elincane
library	biblioteek	ithala leencwadi	ilabhulali

ENGLISH	AFRIKAANS	XHOSA	ZULU
market	mark	imarike	imakethe
museum	museum	imuziyam	imnyuziyamu
parking area	parkeerterrein	ibala lokupakisha	indawo yokupaka izimoto
pavement	sypaadjie	ipheyivumente	iphevumente
pedestrian	voetganger	ohamba ngeenyawo	ohamba ngezinyawo
petrol station	vulstasie	igaraji	igalaji
pharmacy	apteek	uphitikezomayeza	ikhemisi
police station	polisiekantoor	umzi wamapolisa	ipholisiteshi
post office	poskantoor	iposofisi	iposihhovisi
restaurant	restaurant	irestyu	irestoranti
railway station	stasie	isitishi	isiteshi
road	pad	indlela	umgwaqo
robot	verkeerslig	irobhothi	ilobhothi
school	skool	isikolo	isikole
shop	winkel	ivenkile	isitole
skyscraper	wolkekrabber	ukrwecizulu	umbhijongo
stall	stalletjie	isitali yokudayisa	indlwana
station	stasie	isitishi	isiteshi
street	straat	isitalato	isitaladi
street-light	straatlig	ipali yesibane	ilambu lasemgwaqweni
supermarket	supermark	isuphamakethe	isuphamakethe
tavern	taverne	ithaveni	ihotela
terminus	terminus	isikhululo	umkhawulo
theatre	teater	ithiyatha	ithiyetha
town-hall	stadsaal	iholo yedolophu	uthayiniholo
traffic	verkeer	izihamba-ndlela	itrefiki
traffic circle	verkeersirkel	isangqa sezihambindlela	indingilizi yetrafiki
traffic light	verkeerslig	irobhothi	irobhothi
warehouse	pakhuis	isitora	umtapo
zoo	dieretuin	izu	izu

29. SHOPPING
INKOPIES
UKUTHENGA
UKUTHENGA

ENGLISH	AFRIKAANS	XHOSA	ZULU
account	rekening	iakhawunti	iakhawunti
advertisement	advertensie	isaziso	isaziso
bargain	winskopie	isisulu	okuhlumisayo
bazaar	basaar	indawo enemarike neevenkile	isitolo
buy	koop	thenga	thenga
buyer	koper	umthengi	umthengi
buyers	kopers	abathengi	abathengi
cash	kontant	ikheshi	ukheshe
cashier	kassier	umphathi-kheshi	ukheshiya
cent	sent	isenti	isenti
change	kleingeld	itshintshi	ushintshi
cheap	goedkoop	itshiphu	shibbile
cheque	tjek	itshekhi	isheke
coin	muntstuk	ukhozo lwemali	uhlamvu lwemali
credit card	kredietkaart	ikhadi lekhredithi	ikhadi lekhredithi
customer	klant	umthengi	umthengi
discount	afslag	isaphulelo	isephulelo
expensive	duur	idulu	okubizayo
free gift	gratis geskenk	isipho sika-wonke- wonke	isipho sesihle
free offer	gratis aanbod	isipho	isithembiso esikhululekile
handbag	handsak	ipesi	ihendibhegi
kilogram	kilogram	ikilogram	ikhilogramu
label	etiket	ilebhile	ilebula
market	mark	imarike	imakhethe
money	geld	imali	imali

ENGLISH	AFRIKAANS	XHOSA	ZULU
offer	aanbod	isithembiso	isithembiso
parcel	pakkie	ipasile	iphasela
pay cash	betaal kontant	bhatala ngemali	khokha ukheshe
price	prys	ixabiso	inani
purse	beursie	isipaji	isikhwama
rand	rand	irandi	irandi
refund	terugbetaling	imbuyiselo	imbuyiselo
sale	uitverkoping	iseyile	indali
save	spaar	yonga	onga
self-service	selfbediening	zincede	zisize
sell	verkoop	thengisa	thengisa
shop/store	winkel	ivenkile	isitolo
shopping list	inkopielys	uluhlu lweempahla eziza kuthengwa	uhla lwezimpahla ezizothengwa
six months guarantee	ses maande waarborg	igaranti yeenyanga ezintandathu	igaranti yezinyanga eziyisithupha
supermarket	supermark	isuphamakethe	isuphamakethe
till	geldlaai	idrowa yemali	isisefo
trolley	trollie	inqwelo-mpahla	inqola
voucher	bewys	ivawutsha	incwadi yokufakaza
wallet	notebeurs	iwalethi	iwalethi

30. POST OFFICE
POSKANTOOR
IPOSOFISI
IPOSIHHOVISI

ENGLISH	AFRIKAANS	XHOSA	ZULU
address	adres	iadresi	ikheli
airmail	lugpos	iposi yomoya	iposi elihamba ngezindiza
clerk	klerk	unobhala	umbhali
counter	toonbank	ikhawuntara	ikhawunda
letter	brief	incwadi	incwadi
mail	pos	iposi	iposi
mailbag	possak	ingxowa yeposi	isaka leposi
parcel	pakkie	ipasile	iphasela
pension	pensioen	ipenshini	impesheni
post	pos	iposi	iposi
postage	posgeld	ixabiso lokuposa	imali yeposi
postage stamp	posseël	istampu	isitembu
postal order	posorder	ipostal-oda	iposoda
postbox	posbus	umgqomo ekufakwa kuwo iincwadi eziposwayo	ibhokisi leposi
postcard	poskaart	iposi-khadi	iposikhadi
postman	posbode	unoposi	umuntu weposi
postmaster	posmeester	iposmasta	umaposi
stamp	seël	istampu	isitembu
telegram	telegram	ucingo	ithelegrama
telephone	telefoon	ifoni	ithelefoni
telephone booth	telefoon-hokkie	indlwana yefoni	ingosi yethelefoni
telephone directory	telefoongids	incwadi yefoni	incwadi yezinamba

31. STATION
STASIE
ISITISHI
ISITESHI

ENGLISH	AFRIKAANS	XHOSA	ZULU
compartment	kompartement	impalo	igumbi
conducter	kondukteur	umnqomfi-matikiti	ukhondakta
dining-saloon	eetsalon	indawo yokutyela	indawo yokudlela
express train	sneltrein	isiphekepheke	ushikishi
goods train	goederetrein	igutsi	iguzi
locomotive	lokomotief	intloko kaloliwe	injini
luggage	bagasie	impahla	impahla
passenger	passasier	ipasenjani	umkhweli
platform	platform	iplatfomu	ipulatifomu
porter	kruier	umthwali	umthwaleli
railway line	treinspoor	isiporo	isipolo
return-ticket	retoerkaartjie	itikiti lokuya nokubuya	ithikithi lokuya nokubuya
signal	sinjaal	umqondiso	isiginali
single ticket	enkelkaartjie	itikiti lokuya kuphela	ithikithi lesingili
sleeper (to sleep in)	slaapwa	indawo yokulala	inqola yokulala
station-master	stasiemeester	umphathi sitishi	umasiteshi
ticket	kaartjie	itikiti	ithikithi
ticket-examiner	kaartjies-ondersoeker	umnqomfi weetikiti	umhloli wamathikithi
ticket-office	kaartjieskantoor	iofisi yamatikiti	ihhovisi-lamathikithi
train	trein	uloliwe	isitimela
train-driver	masjinis	umqhubi kaloliwe	umshayeli wesitimela
tunnel	tonnel	itonela	ithonela

32. SEA
SEE
ULWANDLE
ULWANDLE

ENGLISH	AFRIKAANS	XHOSA	ZULU
bathing-suit	swemklere	isinxibo sokuqubha	izingubo zokubhukuda
beach	strand	unxweme	ibhishi
boat	boot	isikhephe	isikebhe
bucket	emmer	iemela	ibhakede
buoy	boei	isihlenga	okuntantayo olwandle
crab	krap	unonkala	inkala
crabs	krappe	oononkala	izinkala
dinghy	roeibootjie	iphenyane	isikejana
dolphin	dolfyn	ihlengesi	ihlengethwa
dune	duin	indunduma	indunduma
fish	vis	intlanzi	inhlanzi
fisherman	visser	umlobi	umdobi
harbour	hawe	izibuko	itheku
high tide	hoogwater	ukuzala kolwandle	ibuya
island	eiland	isiqithi	isiqhingi
jelly-fish	jellievis	ijelifishi	itheketheke
lighthouse	vuurtoring	isibane solwandle	isibani sasolwandle
lobster	kreef	unamvuna	isikhuphashe
octopus	seekat	ingwane	ingwane
oyster	oester	imbatyisi	ukhwathu
pebble	spoelklippie	ingqalutye	imbokojana
penguin	pikkewyn	iphengwini	iphengwini
rock	rots	iliwa	idwala
sand	sand	intlabathi	isihlabathi
sand-dune	sandduin	indunduma	indunduma
sea-gull	seemeeu	ingabangaba	uhlobo lwenyoni yasolwandle
seal	rob	intini yolwandle	imvu yamanzi

78

ENGLISH	AFRIKAANS	XHOSA	ZULU
seaweed	seegras	ingca yolwandle	ukhuningomile
shark	haai	ukrebe	ushaka
shell	skulp	iqokobhe	igobolondo
spade	graaf	umhlakulo	isipete
sunburn	sonbrand	ukutshiswa lilanga	ukushiswa yilanga
sunshade	sonsambreel	isinqandi-langa	isambulela selanga
surf	branders	amaza angaselunxwemeni	amadlambi ogwini lolwandle
surf-board	branderplank	ibhodi yokudada	ibhodi lokubhukuda
tide	gety	ityhayidi	ibuya
wave	brander	iliza	iliza
whale	walvis	umnweba	umkhomo
yacht	seiljag	isikhitshane	iyothi

33. MINE
MYN
UMGODI
UMGODI

English	Afrikaans	Xhosa	Zulu
asbestos	asbes	iasbestos	iasbhestosi
brass	brons	ixina	ithusi
chemical	chemikalie	umchiza	umuthi noma owaluphi uhlobo
coal	steenkool	amalahle	amalahle
coal-mine	steenkoolmyn	umgodi wamalahle	umgodi wamalahle
collier	steenkool-grawer	ummbi wamalahle	umumbi wamalahle
colliery	steenkoolmyn	umgodi wamalahle	umgodi wamalahlelahle
copper	koper	ikopolo	ikhopha
crucible	smeltkroes	isitya ekunyi-tyilikiselwa	isitsha sebumba sokuncibilikisa izinto eziyinsimbi
diamond	diamant	idayimani	idayimani
drill	boor	ibhola	ibhola
dynamite	dinamiet	idamanethi	udalimede
explosive	plofstof	isidubuli	into eqhumayo
geologist	geoloog	umjoloji	isazi sejiyoloji
gold	goud	igolide	igolide
gold-mine	goudmyn	umgodi wegolide	imayini yegolide
iron	yster	isinyithi	insimbi
manganese	mangaan	isiqalelo esisetyenziswa ekwenzeni iglasi nentsimbi	umanganizi
metal	metaal	isinyithi	insimbi

ENGLISH	AFRIKAANS	XHOSA	ZULU
miner	mynwerker	isimba-mgodi	osebenza emgodini
mould	vorm	isibumbelo	isikhutha
ore	erts	intsimbi ekrwada	umkhando
rough diamond	ruwe diamant	umntu orhabaxa ukanti unentliziyo entle	isidlwangu-dlwangu esinenhliziyo enhle
shift	skof	ishifu	ishifu
silver	silwer	isilivere	isiliva
skip	mynhyser	ikheji	ukutshekuka
steel	staal	istili	istili
uranium	uraan	iyuranium	enombala ompunga
zinc	sink	izinki	uzingi

34. SCHOOL
SKOOL
ISIKOLO
ISIKOLE

ENGLISH	AFRIKAANS	XHOSA	ZULU
Accountancy	Rekeningkunde	iAkhawuntensi	iAkhawuntensi
Afrikaans	Afrikaans	isiBhulu	isiBhunu
alphabet	alfabet	ialfabhethi	i-alfabhethi
Arithmetic	Rekenkunde	iZibalo	iZibalo
Art	Kuns	iAthi	iAthi
atlas	atlas	iatlasi	iatilasi
bell	klok	intsimbi	insimbi
Biology	Biologie	iBhayoloji	iBhayoloji
blackboard	swartbord	ibhodi	ibhlekbhodi
blotting-paper	kladpapier	iphepha loku-funxa i-inki	ibhulotha
boarding-school	kosskool	isikolo samabhoda	ihostela
book	boek	incwadi	incwadi
boys' school	seunskool	isikolo samakhwenkwe	isikole sabafana
break	pouse	ikhefu	ikhefu
calculator	sakrekenaar	umashini wokubala	umshini wokubala
chalk	bordkryt	itshokhwe	ishoki
Chemistry	Skeikunde	iKhemistri	iKhemistri
composition	opstel	isincoko	ikhompozishini
computer	rekenaar	ikompiyuta	ikhomputha
crayon	vetkryt	ikreyoni	ikhilayoni
cräche	cräche	isikolo seentsana	inkulisa
curriculum	kurrikulum	uludwe lwezifundo	isilabhasi
desk	lessenaar	idesika	idesiki
dictionary	woordeboek	isichazimagama	idikishaneli
Education Department	Departement van Onderwys	iSebe lezeMfundo	Umnyango WeMfundo

ENGLISH	AFRIKAANS	XHOSA	ZULU
English	Engels	isiNgesi	isiNgisi
eraser	uitveër	irabha	irabha
examination	eksamen	uviwo	ukuhlolwa
exercise-book	skryfboek	incwadi yomsebenzi	incwadi yokubhala
Geography	Aardrykskunde	Ezelizwe	Ezezwe
girls' school	meisieskool	isikolo samantombazana	isikole samantombazana
globe	aardbol	iglobhu	igilobhu
glue	gom	iglu	iglu
grammar	grammatika	igrama	igrama
Handicraft	Handwerk	Umsebenzi wezandla	Umsebenzi wezandla
headmaster (principal)	prinsipaal	inqununu	uthishanhloko
headmistress	prinsipale	inqununukazi	uthisha wesifazane omkhulu
high skool	hoërskool	isikolo esiphakamileyo	isikole esiphakeme
History	Geskiedenis	Ezembali	Ezomlando
holiday	vakansie	iholide	iholide
homework	huiswerk	umsebenzi wasekhaya	umsebenzi wasekhaya
ink	ink	iinki	uyinki
inspector	inspekteur	umhloli	umhloli
laboratory	laboratorium	indlu yakwasayensi	indlu egcina izinto zesayensi
language	taal	ulwimi	ulimi
Latin	Latyn	isiLatini	isiLatini
lesson	les	isifundo	isifundo
library	biblioteek	ithala leencwadi	ilabhulali
map	landkaart	imaphu	imephu
Mathematics	Wiskunde	Mathematikisi	iMethemethiki
Music	Musiek	Umculo	Umculo
paper	papier	iphepha	iphepha
pen	pen	usiba	ipeni
pencil	potlood	ipensile	ipensele

ENGLISH	AFRIKAANS	XHOSA	ZULU
pencils	potlode	amapensile	amapensele
Physics	Fisika	iFiziksi	iFiziksi
playground	speelgrond	ibala lemidlalo	inkundla yokudlala
prefect	prefek	iprifekti	induna
pre-primary school	pre-primêre skool	isikolo seentsana	inkulisa
primary school	laerskool	isikolo sabaqalayo	isikole sabaqalayo
private school	privaatskool	isikolo sangasese	isikole esinge-kho phansi kukahulumeni
pupil	leerling	umfundi	umfundi
register	register	irejistala	irejista
Religious Instruction	Godsdiens-onderrig	Ezenkolo	Ezenkolo
report	rapport	ingxelo	iripoti
rubber	uitveër	irabha	irabha
ruler	liniaal	irula	irula
scholar	skolier	umfundi	umfundi
school board	skoolraad	ibhodi yesikolo	ikomiti yesikole
school commitee	skoolkomitee	ikomiti yesikolo	ikomiti lesikole
school uniform	skooldrag	iyunifomu yesikolo	iyunifomu yesikole
school year	skooljaar	unyaka wesikolo	unyaka lwesikole
school-badge	skoolwapen	ibheji yesikolo	ibheji lesikole
schoolboy	skoolseun	umntwana wesikolo	umfana wesikole
schoolgirl	skooldogter	umfundi uyintombazana	intombazane yesikole
Science	Wetenskap	Inzululwazi	Ezemvelo
scissors	skêr	isikere	isikele
secondary school	middelbare skool	isekondari	isekhondali
Shorthand	Snelskrif	iShothihendi	iShothende
spelling	spelling	upelo	ukupela
staff	personeel	abafundisi-ntsapho	izisebenzi

ENGLISH	AFRIKAANS	XHOSA	ZULU
staff room	personeelkamer	indlu yabafun-disintsapho	indlu yabafundisi
teacher	onderwyser	ititshala	uthishela
textbook	leerboek	incwadi yokufundisa	incwadi yokufundisa
Typing	Tik	Uchwephezo	Ukubhala ngomshini
vocabulary	woordeskat	isigama	umcebo wamagama
Woodwork	Houtwerk	Ubuchweli	Ukubaza

35. OFFICE
KANTOOR
IOFISI
IHHOVISI

ENGLISH	AFRIKAANS	XHOSA	ZULU
adhesive tape	kleefband	iseloteyipi	ithephu enamathelayo
agenda	agenda	iagenda	iajenda
book	boek	incwadi	incwadi
bookcase	boekkas	ikasi yeencwadi	ikhabethe lamabhuku
calculator	sakrekenaar	umashini wokubala	umshini wokubala
calender	almanak	ikhalenda	ikalenda
carbon paper	koolpapier	ikhabhoni	ikhabhoni-phepha
chairman	voorsitter	usihlalo	usihlalo
cheque	tjek	itshekhi	isheke
civil servant	staatsamptenaar	umsebenzi wakwa-Rhulumente	isisebenzi sikaHulumeni
clerk	klerk	unobhala	umbhali
client	kliënt	umxumi	omelwayo
colleague	kollega	iqabane lasemsebenzini	osebenzisana naye
committee	komitee	ikomiti	ikomiti
company (business)	maatskappy	inkampani	inkampani
complaint	klagte	isikhalazo	isikhalo
computer	rekenaar	ikomiyuta	ikhomputha
contract	kontrak	isivumelwano	isivumelwano
copy	afskrif	ikopi	ikhophi
correspondance	korrespondensie	imbalelwano	ukulobelana izincwadi
desk	lessenaar	idesika	idesiki
diary	dagboek	idayari	idayari
dictaphone	diktafoon	itheyiphure-khoda	isiqophalizwi

ENGLISH	AFRIKAANS	XHOSA	ZULU
director	direkteur	umongameli	udayirektha
document	dokument	uxwebhu	umbhalo
duplicator	afrolmasjien	umashini wokwenza iikopi	umshini wokwenza amakhophi
employee	werknemer	umqeshwa	umqashwa
employer	werkgewer	umqeshi	umqashi
envelope	koevert	imvulophu	imvilophu
eraser	uitveër	irabha	irabha
expenses	uitgawes	iindleko	izindleko
file	lêer	ifayile	ifayili
filing cabinet	liasseerkas	ikhabhathi egcina iifayile	ikhabethe lamafayili
interview	onderhoud	udliwano-ndlebe	ingxoxo
lunch-break	etenspouse	ikhefu lokutye	ikhefu lokudla
manager	bestuurder	umanejala	imeneja
managing director	besturende direkteur	umphathi omkhulu	umqondisi omkhulu
meeting	vergadering	intlanganiso	umhlangano
messenger	bode	isithunywa	isithunywa
minutes (of meeting)	notule	ingxelo	amaminithi
notebook	notaboek	incwadana yamanqaku	inothibhuku
paper	papier	iphepha	iphepha
paper-clip	skuifspeld	into yokonqakula amaphepa	isighano samaphepha
paperweight	papierdrukker	isicinzeli-phepha	isicindezeli maphepha
pen	pen	usiba	ipeni
pencil	potlood	ipensile	ipensele
pension	pensioen	ipenshoni	impensheni
personnel	personeel	abasebenzi	izisebenzi
photo-copying machine	fotokopieer-masjien	umashini wokukopa okubhaliweyo	umshini wokuthwebula okubhaliwe
printer	drukker	isishicileli	iphrinta

ENGLISH	AFRIKAANS	XHOSA	ZULU
report	verslag	ingxelo	umbiko
representative	verteen-woordiger	ummeli	umkhulumeli
rubber	uitveër	irabha	irabha
ruler	liniaal	irula	irula
salary	salaris	umvuzo	iholo
screen	skerm	umkhusane	umpheme
secretary	sekretaris	unobhala	unobhala
Shorthand	Snelskrif	iShothihendi	iShothende
software	programmatuur	impahla yekhompiyutha	isoftiweya
staff	personeel	abafundisi-ntsapho	izisebenzi
staple	krammetjie	isteyipile	isitephuli
stapler	krammasjien	isteyipula	isitephula
stationery	skryfbehoeftes	amaphepha okubhala	izimpahla zokubhala
switchboard operator	telefonis	umqhagamshe-lanisi kwezengcingo	umxhumanisi wezingcingo
tea break	teepouse	ikhefu leti	ikhefu letiye
telephone	telefoon	ifoni	uthelefoni
telephone directory	telefoongids	incwadi yefoni	incwadi yezinamba
typewriter	tikmasjien	umashini wokuchwetheza	umshini wokuthayipha
typist	tikster	umchwethezi	ithayiphisi
typist's chair	tiksterstoel	isitulo somchwethezi	isihlalo sikathayiphisi
vacancy	vakature	isithuba somsebenzi	isikhala somsebenzi
warehouse	pakhuis	isitora	umtapo
waste-paper basket	snippermandjie	ibhaskiti yenkunkuma	ibhasikede lezibi
worker's union	vakbond	umanyano lwabasebenzi	inyonyana yezisebenzi

36. HOSPITAL
HOSPITAAL
ISIBHEDLELE
ISIBHEDLELA

ENGLISH	AFRIKAANS	XHOSA	ZULU
ambulance	ambulans	iambulensi	iambulense
anaesthesia	narkose	kubanda	ukungabikho kokuzwa emzimbeni
anaesthetist	narkotiseer	incutshe efaka amayeza oku-bulala ukuva iintlungu	umuntu ofaka umuthi wokuqed' ukuzwa
antidote	teengif	iyeza lobuhlungu	isibiba
aspirin	aspirien	iyeza lokudambisa iintlugu nefiva	i-asipilini
bandage	verband	ibhandeji	ibhandishi
blood	bloed	igazi	igazi
blood pressure	bloeddruk	uxinzelelo lwegazi	umfutho wegazi
blood transfusion	bloedoortapping	uthiwo-gazi	ukuthasiselwa igazi
chloroform	chloroform	iklorofomu	ikilofomu
clinic	kliniek	ikliniki	ikliniki
clinical thermometer	koorspen	ithermometa	ithimomitha
cotton wool	watte	umqhaphu	uvolo
diagnosis	diagnose	isiphumo sokuxilonga	ukuhlahlwa kwesifo esikumuntu
disease	siekte	isifo	isifo
disinfectant	ontsmettings-middel	isibulala-ntsholongwane	ushibhoshi
district surgeon	distriks-geneesheer	uqgirha wesithili	udokotela kahulumeni

ENGLISH	AFRIKAANS	XHOSA	ZULU
doctor	dokter	ugqirha	udokotela
germs	kieme	iimbewu yokufa	amajemu
heartbeat	hartklop	ukubetha kwentliziyo	ukushaya kwenhliziyo
hygiene	higiëne	ulwazi ngempilo	inhlanzeko
illness	siekte	isifo	isifo
injection	inspuiting	ukutofa	umjovo
matron	matrone	umeyitroni	umatroni
medical aid	siektefonds	uncedo lwamayeza	imedikhali eyidi
medicine	medisyne	iyeza	umuthi
mortuary	lykshuis	umkhenkce	indlu yokubeka izidumbu
nurse	verpleegster (verpleeg- kundige)	umongikazi	unesi
operating- theatre	operasiesaal	igumbi lokutyandela	ithiyetha lokuhlinzela
operation	operasie	uhlinzo	ukuhlinza
out-patient	buitepasiënt	isigulana sangaphandle	isiguli esigulela ekhaya
oxygen	suurstof	ioksijini	ioksijini
pain	pyn	intlungu	ubuhlungu
patient	pasiënt	umguli	isiguli
pill	pil	ipilisi	iphilisi
pills	pille	iipilisi	amaphilisi
plaster	pleister	iplasta	iplasta
plaster of Paris	gips	ikalika yokutyabeka	ukhonkolo
prescription	voorskrif	ummiselo kagqirha	umuthi onconyiwe
radiotherapy	radioterapie	ukunyanga ngemitha	ukwelashwa ngama-eksireyi nangeminye imisebe
scalpel	skalpel	ingadla yogqirha	ummese omncane wokuhlinza

ENGLISH	AFRIKAANS	XHOSA	ZULU
sister	suster	usista	isisitela
specialist	spesialis	ingcungela kwezamachiza	uchwepheshe
stethoscope	stetoskoop	ixilongo logqirha	into yokuxilonga isiguli
surgeon	chirug	ugqirha wokuhlinza	udokotela wokuhlinza
syringe	spuitnaald	isirinji	isirinji
tablet	tablet	ipilisi	iphilisi
vaccinate	(in)ent	-gonya	-gcaba
waiting-room	wagkamer	igumbi lokulindela	ikamelo lokulindela
ward	saal	iwadi	iwadi
wound	wond	inxeba	inxeba
X-ray	X-straal	iX-reyi	iX-reyi

37. DISEASE
SIEKTE
ISIFO
ISIFO

English	Afrikaans	Xhosa	Zulu
acne	aknee	ikhuphu	umqubuko
Aids	Vigs	ugawulayo	ingculazi
amputation	amputasie	ukunqumla	ukunqunywa
anaemia	bloedarmoede	umlambo	ianimiya
angina	angina	isifo somqala	ubuhlungu benhliziyo
arthritis	artritis	ukuqaqamba kwamalungu	ihatilayitisi
asthma	asma	umbefu	umbefu
bilharzia	bilharzia	ibhilhaziya	ibhilihaziya
blindness	blindheid	ubumfama	ubumpumputhe
bronchitis	brongitis	iphika	isishiso semithanjana yomoya
cancer	kanker	umhlanza	umhlaza
chest pain	pyn in die bors	iintlungu zesifuba	ubuhlungu besifuba
chicken-pox	waterpokkies	ingqakaqha	inqubulunjwana
cholera	cholera	urhudo olubulalayo	ikholera
cold	verkoue	umkhuhlane	umkhuhlane
colic	koliek	injengqane	isilumo
cough	hoes	ukukhohlela	ukukhwehlela
cyst	sist	iqhumba elinamanzi phakathi	isilonda
delirium	ylhoofdigheid	ukubhuda	amathezane
depression	depressie	ukudakumba	iziyane
diabetes	suikersiekte	isifo seswekile	idayabhithizi
diarrhoea	diarree	urhudo	uhudo
diphtheria	witseerkeel	idiftheriya	isifo esivimbaniso umphimbo
dizziness	duiseligheid	isizunguzane	inzululwane
dysentery	disenterie	isisu segazi	umhudo

92

ENGLISH	AFRIKAANS	XHOSA	ZULU
earache	oorpyn	indlebe ebuhlungu	ubuhlungu bendlebe
eczema	ekseem	umrhawuze-lelane	utwayi
epilepsy	vallende siekte	isathuthwane	isithuthwane
fatigue	uitputting	udino	ukukhathala
fever	koors	ifiva	imfiva
flu	griep	iflu	umkhuhlane
frostbite	vriesbrand	umtshaza	umshazwa
gall stones	galstene	amatye enyongo	amatshe enyongo
gangrene	gangreen	ukufa noku-bola kwendawo ethile emzimbeni	ukuvunda
hare-lip	haaslip	inyheke	inhlewuka
hay-fever	hooikoors	ifiva ethimlisayo	imfiva ethimulisayo
headache	hoofpyn	intloko ebuhlungu	ikhanda
heart-attack	hartaanval	isifo sentliziyo	ukuhlaselwa isifo senhlizinyo
heartburn	sooibrand	isitshisa	isilungulela
hiccup	hik	ithwabe	ithwabi
high blood pressure	hoë bloeddruk	ihayihayi	ihayihayi
illness	siekte	isifo	isifo
indigestion	slegte spys-vertering	ukungetyisi	ukuqumba
infection	infeksie	ukusulela	ukuthathelwana
infectious diseases	aansteeklike siektes	izifo ezisulelayo	izifo ezithathe-lwanayo
inflammation	ontsteking	ukukrala	ubukhubele
influenza	griep	umkhuhlane	imfuluyenza
insomnia	slaaploosheid	isifo sokugalali	ukuqwasha
jaundice	geelsug	isifo senyongo	ijondisi
labour pains	geboortepyne	ukulunywa	umsiko
laryngitis	laringitis	ukukrala kwengqula	ubuhlungu basemphinjeni

ENGLISH	AFRIKAANS	XHOSA	ZULU
malaria	malaria	imalariya	umalaleveva
measles	masels	imasisi	isamungu
migraine	skeelhoofpyn	intloko ekhathaza ukuba buhlungu amaxesha ngamaxesha	ubuhlungu bekhanda obuhlabayo
mumps	pampoentjies	uqilikwane	uzagiga
nausea	naarheid	ubucaphucaphu	isicanucanu
pain	pyn	intlungu	ubuhlungu
paralysis	verlamming	imfa-ndawo	umthwebulo
polio	polio	ipholiyo	ipholiyo
pregnancy	swangerskap	ukuba nzima	ukukhulelwa
rabies	hondsdolheid	umgada	irebisi
rheumatism	rumatiek	ukutyatyambo kwamathambo	ikhunkulo
ringworm	omloop	isitshanguba	umbandamu
scar	litteken	isiva	isibazi
sore throat	seer keel	umqala obhuhlungu	umphimbo obuhlungu
stomach-ache	maagpyn	isisu esibuhlungu	ishaka
stroke	beroerte	ukushwabana	isifo sokuthwe-buleka komzimba
syphilis	sifilis	igcushuwa	ugcunsula
toothache	tandpyn	ukuba namazinyo abuhlungu	ubuhlungu bezinyo
tuberculosis	tering	isifo sephepha	isifo sesifuba
tumour	gewas	ithumba	ithumba
virus	virus	intsholongwane encinci	ivirusi
whooping-cough	kinkhoes	unkonkonko	ukhohlokhohlo

38. TRANSPORT
VERVOER
ISITHUTHI
INTILASIPOTI

ENGLISH	AFRIKAANS	XHOSA	ZULU
aeroplane	vliegtuig	ieropleni	ibhanoyi
aircraft	vliegtuig	inqwelo yomoya	idizamshini
airliner	vliegtuig	ieropleni	ibhanoyi
airship	lugskip	inqanawa yomoya	umkhumbi womoya
ambulance	ambulans	iambulensi	iambulense
automobile	motor	imoto	imoto
barge	vragskip	isikhephe esinesinqe esibanzi	ibhaji
bicycle	fiets	ibhayisekile	ibhayisikili
boat	boot	isikhephe	isikebhe
bulldozer	stootskraper	ugandaganda	umshini wokukha inhlabathi eningi
bus	bus	ibhasi	ibhasi
canoe	kano	iphenyane	isikejana esigwedlwayo
car	motor	imoto	imoto
caravan	woonwa	ikharavani	ikharavani
carriage	rytuig	ikhareji	ikalishi
cart	kar	ikari	ikalishi
donkey-cart	donkiekar	inqwelo yeedonki	ikalishi elidonswa izimbongolo
fire-engine	brandweerwa	inqwelo yabacimimlilo	isicimamlilo
freighter	vragskip	inqanawa okanye inqwelo-moya ethutha iimpahla	umkhumbi othwala amafulaha kuphela
gondola	gondel	igondola	igondola

ENGLISH	AFRIKAANS	XHOSA	ZULU
goods train	goederetrein	igutsi	iguzi
hearse	lykswa	inqwelo yezidumbu	imoto yezidumbu
helicopter	helikopter	ihelikopta	ihelikhopta
jet	straler	ijethi	ijethi
kombi	kombi	ikhumbi	ikhumbi
locomotive	lokomotief	intloko kaloliwe	injini
lorry	lorrie	ilori	ilori
motor bike	motorfiets	isithuthuthu	isithuthuthu
motor cycle	motorfiets	isithuthuthu	isithuthuthu
oil-tanker	olietenkskip	iqanawa ethutha ioyile	umkhumbi othutha uwoyela
raft	vlot	isihlenga	isihlenga samapulangwe
sail-boat	seilskip	isikhephe esiqhutywa ngomoya	isikejana sikaseyili
scooter	bromponie	isikuta	isikuta
scraper	padskraper	into yokukrwela	isiphalo
ship	skip	inqanawa	umkhumbi
submarine	duikboot	inkwili	ingwenya yasolwandle
taxi	taxi	iteksi	itekisi
torpedo-boat	torpedoboot	inqanawa yemfazwe enesantya edubula	umkhunjana wokuhlasela ngamathophido
tractor	trekker	itrekta	ithrektha
trailer	sleepwa	itreyila	umlandeli-mkhondo
train	trein	uloliwe	isitimela
truck	vragwa	isigadla	itilogo
tug (boat)	sleepboot	udokolwana	itaki
vehicle	voertuig	inqwelo	inqola
wagon	wa	inqwelo	inqola
warship	oorlogskip	inqanawa yokulwa	umanola
yacht	seiljag	isikhitshane	iyothi

39. CAR
MOTOR
IMOTO
IMOTO

ENGLISH	AFRIKAANS	XHOSA	ZULU
accident	ongeluk	ingozi	ingozi
air vent	lugopening	intunja yomoya	isingenisamoya
air-cleaner	lugfilter	isihluzi-moya	i-eliklina
alternator	ontwikkelaar	ijenereyitha	ijeneretha
automatic car	outomatiese motor	iothomathikhi	iothomathikhi
battery	battery	ibhetri	ibhetri
bodywork	bakwerk	ibhodi	unzimba wemoto
bonnet	enjinkap	ibhonethi	ibhonethe
boot	bagasiebak	ibhuti	ibhuthi
brake	rem	ibreki	ibhuleki
bumper	buffer	ibhampari	ibhampa
carburettor	vergasser	ikhabhareyitha	ikhaburetha
cigarette-lighter	sigaretaansteker	icwilika	ilayithela
clearance certificate	klaringsbewys	iphepha-mvume	isitifiketu sobuninimoto
clutch	koppelaar	iklatshi	ikilashi
crash	botsing	ukutshayisa	ukushayisa
dashboard	instrumentpaneel	ideshibhodi	udeshibhodi
detour	ompad	ukugwegweleza	umshekelelo
digital clock	digitale horlosie	ixesha	iwashi
disc brakes	skyfremme	idisk breki	amabhuliki
distributor	verdeler	isixhobo esihambisa umbane	idistribhutha
door-handle	deurknop	isiphatho socango	isibambo somnyango
driver	bestuurder	umqhubi	umshayeli
driver's licence	bestuurlisensie	ilayisenisi yokuqhuba	ilayisense yokushayela
drum brake	trommelrem	idram breki	ibhuliki elisedilamini

97

English	Afrikaans	Xhosa	Zulu
exhaust pipe	uitlaatpyp	umbhobho wokukhupha umsi ngemva	ipayipi lesayilensa
fan	waaier	ifeni	ifeni
fan belt	waaierband	ifanbelt	ibhande lefeni
fuel gauge	brandstofmeter	isilinganisi mafutha	igeji likapetroli
fuel pump	petrolpomp	impompo yepetroli	iphamphu likapetroli
fuel tank	petroltenk	itenki yepetroli	ithangi likapetroli
gearbox	ratkas	igiyebhoksi	igelibhokisi
gear-lever	rathefboom	igqudu lokutshintsha	iliva legeli
hand-brake	handrem	ibhreki yesandla	ibhuliki lesandla
headlight switch	koplig-skakelaar	iswitshi yezibane	iswishi lezibani
headlights	kopligte	izibane zangaphambili	izibane zangaphambili
hooter	toeter	ihutara	ihutha
hubcap	wieldop	isiciko sevili	iwilikhephu
indicator light	rigtingwyser	i-indikheyitha	inkomba
insurance	versekering	iinshorensi	umshwalense
jack	domkrag	ujek	ujeke
journey	reis	uhambo	uhambo
learner's licence	leerlinglisensie	ilayisenisi yabafunda ukuqhuba	ilayisense yabafunda ukushayela
motorist	motoris	umqhubi wemoto	ohamba ngemoto
mudguard	modderskerm	imargathi	umadigadi
number-plate	nommerplaat	icwecwe lenambari	inambapuleti
oil-filter	oliefilter	isihluzi-oyile	ifilita lika-oyela
oil-pressure gauge	oliedrukmeter	usiba lweoyile	igeji lika-oyela
parking light	parkeerlig	ipaki layithi	izibani zokupaka

ENGLISH	AFRIKAANS	XHOSA	ZULU
parking ticket	parkeerkaartjie	itikiti lokumisa	ithikithi lokupaka
passenger	passasier	ipasenjani	umkhweli
petrol	petrol	ipetroli	upetroli
petrol pump	petrolpomp	impompo yepetroli	iphampu likapetroli
petrol tank	petroltenk	itanki yepetroli	ithangi likapetroli
radiator	verkoeler	iraydiyeyitha	irediyetha
radiator hose	verkoelerpyp	umbhobho weradiyeyitha	ipayipi lerediyetha
rear axle	agteras	iasi yangasemva	i-ekseli yangemuva
rear bumper	agterbuffer	ibhampari yangasemva	ibhampa yangemuva
rear window	agterruit	ifestile yangasemva	ifasitela langemuva
rear-light	agterlig	isibane sangemva	isibane sangemuva
rear-view mirror	truspieël	isipili sokujonga ngemva	isibuko semoto
rev counter	revolusieteller	irevkhawunta	iwashi lokureva kwemoto
reversing light	trulig	isibane sokubuya umva	isibane sokulivesa
road	pad	indlela	umgwaqo
road map	padkaart	imaphu yendlela	imephu yomgwaqo
roadworthy	padwaardig	ilungele ukuhamba endleleni	lungele ukuhamba emgwaqweni
roof	dak	uphahla	uphahla
safety-belt	veiligheidsgordel	ibhanti yesinqe	ibhande lokuphepha
service station	vulstasie	igaraji	igalaji
shock absorber	skokbreker	ishok-abzobha	ishoka
silencer	knaldemper	isayilensa	isayilensa
spare wheel	noodwiel	ivili lolaleliso	isipele
speedometer	snelheidsmeter	usiba lwamendu	ispidomitha

ENGLISH	AFRIKAANS	XHOSA	ZULU
steering-wheel	stuurwiel	isiqhubo	isitelingi
stop-light	stoplig	istoplayiti	isibane samabhuliki
street	straat	isitalato	istaladi
switch	skakelaar	iswitshi	iswishi
sun-roof	sondak	isanrufu	uphahla olukhanyayo
temperature gauge	temperatuur-meter	usiba lobushuhhu	igeji lokushisa
thermostat	termostaat	ithemostati	ithemostati
tow-rope	sleeptou	intambo yokurhuqa	intambo yokudonsa
tread (of tyre)	loopvlak	amaqoqo ethayara	ugqinsi lwethaya
turning indicator	rigtingwyser	isalathisi sokujika	inkombajika
tyre	band	ithayali	ithaya
warning lights	waarskuwings-ligte	izibane zengozi	amahazadi
wheel	wiel	ivili	isondo
wheels	wiele	amavili	amasondo
windscreen	voorruit	ifestile yangahambili	ifasitela langaphambili
wipers	ruitveërs	iiwayipha	amawayipha
workshop	werkswinkel	igumbi lokulungisela iimoto	ishabhu

40. MUSIC
MUSIEK
UMCULO
UMCULO

ENGLISH	AFRIKAANS	XHOSA	ZULU
a song festival	'n sangfees	umnyhadala wengoma	umkhosi womculo
accordian	trekklavier	ikhodiyane	inkositini
audience	gehoor	abaphulaphuli	abalaleli
auditorium	ouditorium	iholo yabaphulaphuli	indlu yokulalela
bagpipe	doedelsak	amaxilongo oonozikhakana	umtshingo weziKotshi
band	orkes	ibhendi	ibhendi
banjo	banjo	ibhanjo	ibhenjo
baritone	bariton	ibharitoni	owesilisa ocula ngephimbo elipha-kathi kwendima
bass	bas	ibhasi	ibhesi
beat	ritme	ibhithi	ibhithi
choir	koor	ikwayala	ikwaya
choirmaster	koordirigent	umculisi	uculisi
choral music	koraalmusiek	ingoma yabavumi	umculo wekwaya
chorus	koor	ikhorasi	ivumo
clarinet	klarinet	iklarinethi	igekle lesilungu elenziwe ngomuthi
classical music	klassieke musiek	umculo weklasiki	umculo wekilasiki
concert	konsert	ikhonsathi	ikhonsathi
conductor	dirigent	umbhexeshi	umasikandi
country music	boeremusiek	umculo wasemaphandleni	umculo wasemaphandleni
drum	trom	igubu	isigubhu

ENGLISH	AFRIKAANS	XHOSA	ZULU
electric guitar	elektriese kitaar	isiginkci sikagesi	isiginci sikagesi
flute	fluit	ifluthi	umtshingo
folk-song	volksliedjie	umculo wakwantu	umculo wendabuko
gospel music	godsdienstige musiek	umculo wezokholo	umculo wokholo
gramophone	grammofoon	igramafoni	igramafoni
guitar	kitaar	isiginkci	isiginci
harmonica	mondfluitjie	ifleyiti	imfiliji
harp	harp	ihaphu	uhabhu
horn	horing	ixilongo	icilongo
hymn	gesang	iculo	iculo
jazz	jazz	umngqunqo	ijezi
latest hits	jongste treffers	iingoma ezintsha	izingoma ezintsha
light music	ligte musiek	umculo opholileyo	umculo opholile
love-song	liefdeslied	ingoma yothando	iculo lothando
melody	melodie	uncuthu lwengoma	indlela yegama
musician	musikant	umculi	isazi somculo
national anthem	volkslied	umhobe wesizwe	iculo lesizwe
opera	opera	iopera	iopera
orchestra	orkes	iokhestra	iokhestra
organ	orrel	iogani	ugubhu
organist	orrelis	umdlali wohadi	umshayi we-ogani
pianist	pianis	umbethi-piyano	umshayi wopiyane
piano	klavier	ipiyano	upiyane
piano-accordion	trekklavier	ikhodiyane	inkositini
portable radio	draagbare radio	unomathotholo ophathwayo	umsakazo ophathwayo
radio	radio	irediyo	irediyo
record-player	platespeler	isidlali marekhodi	isidlali marekhodi

ENGLISH	AFRIKAANS	XHOSA	ZULU
rhythm	ritme	isingqisho	isigqi
rock 'n roll	ruk-en-pluk	umculo werok-'n-roll	umculo werock-'n-roll
saxophone	saxofoon	isaksofoni	isaksifoni
singer	sanger	umculi	umhlabeleli
singing lessons	sanglesse	izifundo zomculo	izifundo zomculo
song	lied	iculo	iculo
tambourine	tamboeryn	intambula	ithamborini
tape-recorder	bandopnemer	isithathi-mazwi	isithwebuli mazwi
tonic solfa	solfanotering	isolfa-iculo leenowuthi	amanothi acindezelwe ngamaletha
trombone	trombone	itromboni	ithromboni
trumpet	trompet	ixilongo	icilongo
violin	viool	ivayolini	ivayolini
violinist	vioolspeler	umdlali-fidyoli	umshayivayolini
voice	stem	ilizwi	ilizwi
waltz	wals	iwolzi	iwolisi
wedding march	troumars	imatshi yomtshato	imashi yomshado

41. RELIGION
GODSDIENS
UKHOLO
INKOLO

ENGLISH	AFRIKAANS	XHOSA	ZULU
aisle	paadjie	ipaseji	indledlana
Almighty	Almagtige	Somandla	Somandla
altar	altaar	isibingelelo	i-althari
angel	engel	ingelosi	ingelosi
Anglicans	Anglikane	amaTshetshi	amaSheshi
apostle	apostel	umpostile	umphostoli
baptism	doop	ubhaptizo	umbhabhathizo
Bible	Bybel	iBhayibhile	iBhayibheli
bishop	biskop	ibhishophu	ubhishobhi
cathedral	katedraal	ikhathedrali	ikathedrali
choir	koor	ikwayala	ikhwaya
Christ	Christus	uKrestu	uKrestu
Christian	Christen	umKrestu	iKrestu
church	kerk	inkonzo	isonto
collection	kollekte	umnikelo	umnikelo
confirmation	aanneming	isingqino	umqiniso
congregation	gemeente	ibandla	ibandla
convent	klooster	ikhonventi	ikhonventi
Creator	Skepper	uMdali	uMdali
deacon	diaken	umdikoni	idikoni
Dutch	Nederduits	iBandla Lase-	iBandla Lase-
Reformed	Gereformeerde	Datshi	Dashi
Church	Kerk		
elder	ouderling	umdala	umdala
faith	geloof	ukholo	ukholo
gallery	galery	igalari	igalari
God	God	uThixo	uThixo
heathen	heiden	umhedeni	umhedeni
heaven	hemel	izulu	izulu
Holy	Nagmaal	uMthendeleko	isidlo
Communion			esiyiNgcwele
hymn	gesang	iculo	iculo

ENGLISH	AFRIKAANS	XHOSA	ZULU
hymn-book	gesangboek	incwadi yamaculo	incwadi yamaculo
Jehovah	Jehova	uYehova	uJehova
Jesus	Jesus	uYesu	uJesu
Jew	Jood	umJuda	iJuda
Lord	Here	iNkosi	iNkosi
Lutheran	Lutheraan	abakwaLutha	amaLuthela
Methodists	Metodiste	amaWesile	amaWeseli
minister	predikant	umfundisi	umfundisi
Moslem	Moslem	umIslam	iMoslem
mosque	moskee	imoski	indlu yesonto yamaMoslem
New Testament	Nuwe Testament	zeTestamente eNtsha	zeTestamente Elisha
nun	non	unongendi	isistela
Old Testament	Ou Testament	zeTestamente eNdala	zeTestamente eLidala
parish	gemeente	isiphaluka serhamente	isifunda somfundisi
pew	kerkbank	isihlalo etyalikeni	ibhentshi
Pope	Pous	iPopu	uPhapha
prayer	gebed	umthandazo	umthandazo
preacher	predikant	umshumayeli	umshumayeli
Presbyterians	Presbiteriane	amaRhabe	abasePresbhi- theriyeni
priest	priester	umpriste	umpristi
psalm	psalm	indumiso	ihubo
pulpit	preekstoel	ipulpithi	ipulpiti
resurrection	opstanding	uvuko	uvuko
Roman Catholic	Rooms-Katoliek	AmaRoma	iLoma
sacred	heilig	-ngcwele	-yingcwele
salvation	redding	ukusindisa	ukusindisa
Salvation Army	Heilsleër	inkonzo ethile enamalungu anxiba njengamajoni	amaSaliveshe
Satan	Satan	uSathana	uSathane
saviour	redder	umhlanguli	umhlengi

ENGLISH	AFRIKAANS	XHOSA	ZULU
sinner	sondaar	umoni	isoni
Sunday	Sondag	iCawe	iSonto
Sunday School	Sondagskool	isikolo seCawa	isikole seSonto
synagogue	sinagoge	isinagoga	isinagogo
worship	aanbid	inkonzo	isonto
Zionists	Sioniste	AmaZiyoni	AmaZiyoni

42. BIBLE
BYBEL
IBHAYIBHILE
IBHAYIBHELI

English	Afrikaans	Xhosa	Zulu
Old Testament	Ou Testament	Zetestamente Endala	Zetestamente Elidala
Genesis	Genesis	IGenesisi	UGenesise
Exodus	Eksodus	IEksodusi	UEksodusi
Leviticus	Levitikus	ILevitikusi	ULevitikusi
Numbers	Numeri	INumeri	UNumeri
Deuteronomy	Deuteronomium	IDuteronomi	UDuteronomi
Joshua	Josua	UYoshuwa	UJoshuwa
Judges	Rigters	AbaGwebi	AbAhluleli
Ruth	Rut	URute	URuthe
I Samuel	I Samuel	USamuweli I	USamuweli I
II Samuel	II Samuel	USamuweli II	USamuweli II
I Kings	I Konings	IiKumkani I	AmaKhosi I
II Kings	II Konings	IiKumkani II	AmaKhosi II
I Cronicles	I Kronieke	IziKronike I	IziKronike I
II Cronicles	II Kronieke	IziKronike II	IziKronike II
Ezra	Esra	UEzra	UEzra
Nehemiah	Nehemia	UNehemiya	UNehemiya
Esther	Ester	UEsteri	UEsteri
Job	Job	UYobhu	UJobe
Psalms	Psalms	IiNdumiso	AmaHubo
Proverbs	Spreuke van Salomo	IziQhalo	IzAga
Ecclesiastes	Prediker	Intshumayeli	UmShumayeli
The Song of Songs	Hooglied van Salomo	Ingoma yeeNgoma	IsiHlabelelo seziHlabelelo
Isaiah	Jesaja	UIsaya	UIsaya
Jeremiah	Jeremia	UYeremiya	UJeremiya
Lamentations	Klaagliedere van Jeremia	IsiLilo	IsiLilo
Ezekiel	Esegiël	UHezekile	UHezekeli

ENGLISH	AFRIKAANS	XHOSA	ZULU
Daniel	Daniël	UDaniyeli	UDaniyeli
Hosea	Hosea	UHozeya	UHoseya
Joel	Joël	UJoweli	UJoweli
Amos	Amos	UAmos	UAmose
Obadiah	Obadja	UObhadiya	UObadiya
Jonah	Jona	UYona	UJona
Micah	Miga	UMika	UMika
Nahum	Nahum	UNahume	UNahume
Habakkuk	Habakuk	UHabhakuki	UHabakuki
Zephaniah	Sefanja	UZefaniya	UZefaniya
Haggai	Haggai	UHagayi	UHagayi
Zechariah	Sagaria	UZakariya	UZakariya
Malachi	Maleagi	UMalaki	UMalaki

New Testament	Nuwe Testament	Zetestamente Entsha	Zetestamente Elisha
Matthew	Matteus	UMateyu	Ngokuka-Mathewu
Mark	Markus	UMarko	NgokukaMarku
Luke	Lukas	ULuke	NgokukaLuka
John	Johannes	UYohane	NgokukaJohane
Acts	Handelinge	IZenzo	IZenzo
Romans	Romeine	AbaseRoma	KwabaseRoma
I Corinthians	I Korintiërs	AmaKorinte I	I kwabase-Korinte
II Corinthians	II Korintiërs	AmaKorinte II	II kwabase-Korinte
Galatians	Galasiërs	AbaseGalathi	Kwabase-Galathiya
Ephesians	Efesiërs	AbaseEfese	Kwabase-Efesu
Philippians	Filippense	AbaseFiliphi	KwabaseFilipi
Colossians	Kolossense	AbaseKolose	KwabaseKolose
I Thessalonians	I Tessalonisense	Abase-Tesalonika I	I kwabase-Thesalonika
II Thessalonians	II Tessalonisense	AbaseTesalonika II	II kwabase-Thesalonika
I Timothy	I Timoteus	UTimoti I	I kuThimothewu

ENGLISH	AFRIKAANS	XHOSA	ZULU
II Timothy	II Timoteus	UTimoti II	II kuThimo-thewu
Titus	Titus	UTitu	KuThithu
Philemon	Filemon	UFilimoni	KuFilemoni
Hebrews	Hebreërs	AmaHebhere	KumaHeberu
James	Jakobus	UYakobi	EkaJakobe
I Peter	I Petrus	ElikaPetrose I	I kaPetru
II Peter	II Petrus	ElikaPetrose II	II kaPetru
I John	I Johannes	EkaYohane I	I kaJohane
II John	II Johannes	EkaYohane II	II kaJohane
III John	III Johannes	EkaYohane III	III kaJohane
Jude	Judas	EkaYuda	EkaJuda
Revelation	Openbaring	IsiTyhilelo	IsAmbulo

43. POLICE/JUSTICE
POLISIE/REG
AMAPOLISA/UBULUNGISA
AMAPHOYISA/UBULUNGISWA

ENGLISH	AFRIKAANS	XHOSA	ZULU
abuse	misbruik	ukusebenzisa ngokungafanelekanga	ukweyiswa
accused	beskuldigde	ummangalelwa	ummangalelwa
advocate	advokaat	iqwetha lejaji	ummeli
affidavit	beëdigde verklaring	ingxelo efungelweyo	isifungo
alcohol	alkohol	utywala	uphulufu
appeal court	appèlhof	inkundla yezibheno	inkantolo yokudlulisa amacala
arrest	arresteer	bamba	bamba
assassin	sluipmoordenaar	isigwinta	inswelaboya
assault	aanranding	uhlaselo	indumela
attorney	prokureur	igqwetha	ummeli
attorney-general	prokureur-generaal	ummeli jikelele	ummeli jikelele
bail	borg	ibheyile	ibheyili
bullet	koeël	imbumbulu	inhlamvu
burglar	inbreker	umqhekezi	umgqekezi
burglars	inbrekers	abaqhekezi	abagqekezi
burglary	huisbraak	uqhekezo	ukugqekeza
cartridges	patrone	iimbumbulu	izinhlamvu
charge	aanklag	isimangalo	icala
charge-office	aanklagkantoor	itshajofisi	ishantshihovisi
Chief Justice	Hoofregter	Ijaji eNkulu	Ijaji Elikhulu
colonel	kolonel	umphathimikhosi	ukonela
commissioner of oaths	kommissaris van ede	umfungisi	umfungisi
constable	konstabel	ipolisa	iphoyisa
court	hof	inkundla	inkantolo

ENGLISH	AFRIKAANS	XHOSA	ZULU
criminal	misdadiger	isaphuli-mthetho	iselelesi
dagga	dagga	intsangu	insangu
defendant	verweerder	ummangalelwa	ummangalelwa
dock	beskuldigde-bank	umkhumbi	idoki
evidence	getuienis	ubungqina	isiqiniselo
fine	boete	ifayini	inhlawulo
fingerprint	vingerafdruk	umnwe	isithupha
fire-arm	vuurwapen	umpu	isikhali esidutshulwayo
gaol	tronk	ijele	ijele
guilt	skuld	ityala	isanya
gun	geweer	umpu	isibhamu
guns	gewere	imipu	izibhamu
handcuffs	boeie	amahandibhoyi	uzankosi
heroin	heroïen	ihirowini	ihirowini
interpreter	tolk	itoliki	umhumushi
jail	tronk	ijele	ijele
judge	regter	ijaji	ijaji
judgement	vonnis	isigwebo	isigwebo
jury	jurie	ijuri	ijuri
killer	moordenaar	umbulali	umbulali
law	wet	umthetho	umthetho
legal advice	regsadvies	ingcebiso kwezomthetho	ukucebisa ngezomthetho
magistrate	magistraat	imantyi	imatshi
messenger of the court	geregsbode	unothimba	isigijimi senkantolo
murder	moord	ukubulala	ukubulala
murderer	moordenaar	umbulali	umbulali
opium	opium	iophiyam	i-ophiyamu
overdose	te groot dosis	isixa esigqithileyo	ithamo eleqileyo
parole	parool	ukukhululwa phantsi kwemiqathango	isethembiso sokungabaleki
pistol	pistool	ipistoli	ivolovolo
police	polisie	amapolisa	amaphoyisa

111

ENGLISH	AFRIKAANS	XHOSA	ZULU
police station	polisiekantoor	umzi wamapolisa	ipholisiteshi
prison	tronk	ijele	ijele
prisoner	gevangene	umbanjwa	obanjiweyo
prosecutor	aanklaer	umtshutshisi	umshushisi
raid	klopjag	ukuhlasela	ukuhlasela
rape	verkragting	ukudlwengula	ukudlwengula
regulation	regulasie	ummiselo	umthetho
revolver	rewolwer	ivolovolo	ivolovolo
reward	beloning	umvuzo	umvuzo
rifle	geweer	umpu	isibhamu
rifles	gewere	imipu	izibhamu
robber	rower	itutu	umphangi
robbery	roof	ukuphanga	ukuphanga
sabotage	sabotasie	ukonakalisa ngabom	ukonela phansi
self-defence	selfverdediging	ukuzikhusela	ukuzivikela
sentence	vonnis	isigwebo	isigwebo
sergeant	sersant	isajini	usayitsheni
spy	spioen	intlola	inhloli
summons	dagvaarding	isamani	isamanisi
supreme court	hooggeregshof	inkundla ephezulu	inkantolo yasemajajini
swear an oath	'n eed aflê	ukufunga	-enza isifungo
terrorism	terrorisme	ubunqolobi	impoqa
terrorist	terroris	umgrogrisi	umphoqi
thief	dief	isela	isela
thieves	diewe	amasela	amasela
verdict	uitspraak	isigqibo	isinqumo
warder	tronkbewaarder	unogada wasejele	umlindi wejele
warrant	lasbrief	isiqinisekiso	isamaniso
witness	getuie	ingqina	ufakazi

44. GOVERNMENT
REGERING
URHULUMENTE
UHULUMENI

ENGLISH	AFRIKAANS	XHOSA	ZULU
ambassador	ambassadeur	ummeli welizwe	inxusa
apartheid	apartheid	ucalucalulo ngokwebala	ubandlululo
bill of rights	verklaring van regte	umthetho wamalungelo aqulunqwayo	umthetho osavivinywa wezamalungelo
budget	begroting	uqingqo-mali	ibhajethi
cabinet	kabinet	ikhabhinethi	umkhandlu wakwahulumeni
civil servant	staatsamptenaar	umsebenzi wakwarhulumente	isisebenzi sikahulumeni
civil service	staatsdiens	umsebenzi wakwarhulumente	umsebenzi kahulumeni
constitution	grondwet	umgaqo-siseko	umthethosisekelo
councillor	raadslid	ilungu lebhunga	ilunga lasebandla
debate	debat	ukuxoxa	ukuphikisana
deputy minister	adjunkminister	isekela lenkulumbuso	iphini likangqongqoshe
election	verkiesing	unyulo	ukhetho
general election	algemene verkiesing	unyulo jikele	ukhetho jikelele
independence	onafhanklikheid	inkululeko	uzibuse
king	koning	ikumkani	ukhingi
legislation	wetgewing	uwiso-mthetho	ukumiswa kwemithetho

ENGLISH	AFRIKAANS	XHOSA	ZULU
members of parliament	lede van die parlement	amalungu epalamente	amalungu ephalamende
minister	minister	umphathiswa	ungqongqoshe
national anthem	volkslied	umhobe wesizwe	iculo lesizwe
national flag	landsvlag	iflegi yobuzwe	ifulegi yesizwe
official language	amptelike taal	ulwimi lombuso	ulimi olusemthethweni
Parliament	Parlement	iPalamente	iPalamende
passport	paspoort	ipasipothi	ipasi lokuhamba
political party	politieke party	iqela lobupolitika	iqembu lezepolitiki
politician	politikus	umntu othatha ixaxheba kwezombuso	umpolitiki
politics	politiek	ipolitiki	ipolitiki
powersharing	magsdeling	ukwabelana ngolawulo	ukwabelana amandla
President	President	uPrezidanti	uPhulezidenti
Prime Minister	Eerste Minister	iNkulumbuso	uNdunankulu
receiver of revenue	ontvanger van inkomste	umamkeli-mali	umamukeli wezintelo
referendum	referendum	imbekiso bantwini	ukucela isinqumo sabavoti
republic	republiek	iriphabliki	iriphabhliki
sanctions	sanksies	ukrwitsho kwezoqoqosho	unswinyo
Speaker	Speaker	iSithethi sePalamente	uSomlomo wePhalamende
tax	belasting	irhafu	intela
trade union	vakbond	umanyano lwabasebenzi	inyonyana yezisebenzi
Union Buildings	Uniegebou	Izakhiwo Zomdibaniso	Izindlu ZeNyunyane
voter	kieser	umvoti	umvoti

45. SPORT
SPORT
UMDLALO
UMDLALO

English	Afrikaans	Xhosa	Zulu
athletics	atletiek	iiathiletiki	imidlalo yamaathilethiki
ball	bal	ibhola	ibhola
baseball	bofbal	umdlalo webhola	ibhesibholi
bowls	rolbal	iibhowuli	amabholi
boxing	boks	umdlalo wamanqindi	isibhakela
boxing-glove	bokshandskoen	iglavu yee-mbethimanqindi	igilavu lesibhakela
canoeing	kanovaart	ukuhamba ngephenyane	ukuntweza ngesikebhe
captain	kaptein	ikhapteni	ukaputeni
coach	afrigter	umqeqeshi	umlolongi
commentator	kommentator	umsasazi	umsakazi
cricket	krieket	ikrikethi	ikhilikithi
dressing-room	kleedkamer	indlu yokunxibela	inkamelo lokushintsha
fishing-rod	visstok	umlobothi	udobo
goal	doel	igoli	igoli
golf	gholf	igalufa	igalofu
golf-ball	gholfbal	ibhola yegalufa	ibhola legalofu
golf-club	gholfstok	induku yegalufa	induku yegalofu
golf-course	gholfbaan	ibala legalufa	inkundla yegalofu
gymkhana	gimkana	imboniso yemidlalo yokuthamba	umdlalo wemijaho
gymnasium	gimnasium	ijimneziyam	ijimneziyam
gymnastics	gimnastiek	ukuthamba	ukuvocavoca umzimba
half-time	rustyd	ikhefu	ikhefu

115

ENGLISH	AFRIKAANS	XHOSA	ZULU
hockey	hokkie	ihoki	ihoki
hockey-stick	hokkiestok	induku yehokhi	induku yehokhi
horse-racing	perdewedrenne	umdyarho wamahashi	umjaho wamahhashi
July handicap	July-perde-wedren	umdyarho kaJulayi	umjaho kaJuly
karate	karate	ikarati	ikarati
knee-guard	kniestut	isikhuselo sedolo	isivikeli-dolo
linesman	grensregter	ilinesman	usomugqa
long jump	verspring	umtsi omde	ukugxumela kude
loudspeaker	luidspreker	ilawudspikha	ikakhulu okusa-kazwa ngomoya
net	net	umnatha	inetha
netball	netbal	ibhola yomnyazi	ibhola lokunqakisana
oar	roeispaan	iphenya	isigwedlo
Olympic Games	Olimpiese Spele	Imidlalo yeOlimpiki	Imidlalo yeOlimpiki
opponent	teenstander	ophikisana naye	ophikisana naye
pavilion	pawiljoen	iqonga lababukeli	indawo yezibukeli
pistol	pistool	ipistoli	ivolovolo
players	spelers	abadlali	abadlali
racket	raket	irakethi	irekhethi
referee	skeidsregter	usompempe	unompempe
reserve	reserwe	obekwa ecaleni	obekwa eceleni
rifle	geweer	umpu	isibhamu
rugby	rugby	iragbhi	iragbhi
saddle	saal	isali	isihlalo
score	puntetelling	isikora	amaphuzu
score-board	telbord	ibhodi yamanqaku	ibhodi lokubala
soccer	sokker	ibhola ekhatywayo	unobhutshu-zwayo
spectators	toeskouers	ababukeli	izibukeli

English	Afrikaans	Xhosa	Zulu
sportsmanship	sportmanskap	umoya wobudlali	ukwazi ukudlala
stadium	stadion	istediyam	inkundla yemidlalo
stop-watch	stophorlosie	istophu-wotshi	istobhuwashi
surf-board	branderplank	ibhodi yokudada	ibhodi lokubhukuda
swimming	swem	ukudada	ukubhukuda
tennis	tennis	ithenisi	ithenisi
tennis-court	tennisbaan	ibala lentenetya	inkundla yethenisi
timekeeper	tydhouer	umgcini-xesha	umgcinisikhathi
trainer	afrigter	umqeqeshi	umlolongi
training	afrigting	uqeqesho	ukuqeqesha
trophy	trofee	indebe	indebe
umpire	skeidsregter	iamphaya	unompempe
whip	sweep	isabhokhwe	isiswebhu
whistle	fluitjie	impempe	impempe
wrestling	stoei	umdlalo wokungqulana	umdlalo wokubambana

46. RUGBY
RUGBY
IRAGBHI
IRAGBHI

English	Afrikaans	Xhosa	Zulu
advantage	voordeel	iadvanteyiji	ilungelo lokwedlula
award a penalty	'n strafskop toeken	nika isohlwayo	ukunikezwa iphenalthi
backs	agterspelers	abadlala emgceni	abadlalemuva
centre	senter	isenta	isenta
centrefield	middelveld	umbindi webala	isisu senkundla
centre-spot	middelkol	ichaphaza embindini	inkaba
coach	afrigter	umqeqeshi	umlolongi
commentator	kommentator	umsasazi	umsakazi
conversion	doelskop	qabelisa	ikhonveshini
convert (a try)	verdoel ('n drie)	qabelisa (itrayi)	ukukhonvetha
corner flag	hoekvlag	iflegi yasekoneni	ikhonaflegi
crossbar	dwarslat	ikhrosbha	ikhrosibha
deadline	doodlyn	idedilayini	umugqa omgemuva kwamapali
dressing-room	kleedkamer	indlu yokunxibela	inkamelo lokushintsha
drop (kick)	skepskop	idropu	umkhahlelo
drop goal	skepdoel	idropi gowuli	idrophugoli
eighth man	agsteman	idoda yesibhozo	unamba-8
extra time	ekstra tyd	ixesha elongeziweyo	isikhathi esengeziwe
flank forward	flank	iflenki	ifolosi langasophikweni
fly-half	losskakel	iflayihafu	iflayihhafu
front rank	voorry	irenka	irenki yaphambili

ENGLISH	AFRIKAANS	XHOSA	ZULU
fullback	heelagter	umvingci	ifulibhekhi
goal kick	doelskop	umqabeliso	igoli
goal-line	doellyn	emgceni	ulayini wamapali
goal-posts	doelpale	iipali	amapali
half-time	rustyd	ikhefu	isikhathi sekhefu
halfway line	middellyn	usenta	ulayini omaphakathi
hooker	haker	ihuka	ihhuka
in goal area	doelgebied	umhlaba wokukora	emagoli
injury time	beseringstyd	ixesha lengozi	isikhathi sokulimala
kick a goal	'n doel skop	qabelisa ibhola	-khahlela igoli
kick off	afskop	kuyaqalwa	ukukhahlela kokuqala
left wing	linkervleuel	iphiko lasekhohlo	iwingi lasokunxele
line-out	lynstaan	umgca wokuxhumela ibhola	ilayini-awuthi
linesman	grensregter	ilinesman	usomugqa
lock forward	slot	ilokhu	ifolosi eliyingidi
offside	onkant	icala elinge-lolakho	endaweni engavunyelwe
onside	speelkant	icala elilungileyo	endaweni evunyelwe
pass	aangee	pasa	-phasa
penalise	straf	ohlwaya	ukujezisa
penalty kick	strafskop	umohlwayo	iphenalthi
prop forward	stut	irenka	ifolosi eliyinsika
referee	skeidsregter	usompempe	unompempe
right-wing	regtervleuel	iphiko lasekunene	iwingi lasokunene
rough play	ruwe spel	umdlalo oqatha	ukudlalisana kabi
score	puntetelling	isikora	amaphuzu
score a try	'n drie druk	beka itrayi	ukufaka ithrayi
scrum	skrum	isikramu	iskramu

119

ENGLISH	AFRIKAANS	XHOSA	ZULU
scrum-half	skrumskakel	isikramhafu	iskramuhhafu
send off	afstuur	qxotha	ukukhiphela ngaphandle
tackle	doodvat	wisa	ukuhlasela
10-metre line	10 meterlyn	iten mitha layini	umugqa ongu-10 mitha
touch kick	buiteskop	khabela ngaphandle	ukukhahlela ngaphandle
touch-line	kantlyn	uthatshi layini	ulayini osemaceleni
22-metre line	kwartlyn	i22 mitha layini	umugqa ongo-22 mitha
upright	regop paal	ipali	ipali elimile

47. SOCCER
SOKKER
IBHOLA EKHATYWAYO
UNOBHUTSHUZWAYO

English	Afrikaans	Xhosa	Zulu
ball	bal	ibhola	ibhola
captain	kaptein	ikhapteni	ukaputeni
caution	waarskuwing	isilumkiso	isexwayiso
centre	senter	isenta	isenta
centre-back	middelagter	isentabhekhi	isentabhekhi
centre-circle	middelsirkel	isangqa esisembindini	isiyingi sasesenta
centre-forward	middelvoor	isentafowadi	isentafowadi
centre-half	middelskakel	isentahafu	isentahhafu
centre-spot	middelkol	ichaphaza elisembindini	isenta
coach	afrigter	umqeqeshi	umlolongi
commentator	kommentator	umsasazi	umsakazi
corner (kick)	hoek (skop)	ikona	ikhona
corner-flag	hoekvlag	iflegi esekoneni	ikhonaflegi
crossbar	dwarsbalk	ipali enqamlezileyo	ikhrosibha
defenders	verdedigers	abakhuseli	amadifenda
dressing-room	kleedkamer	indlu yokunxibela	inkamelo lokushintsha
forwards	voorspelers	abadlali abaphambili	amafolosi
foul play	vuil spel	umdlalo omdaka	ukufonka
free kick	vryskop	ifrikhiki	elibekwe phansi
goal	doel	igoli	igoli
goal area	doelgebied	umhlaba kafayayo	emagoli
goalkeeper	doelwagter	umgcini-pali	unozinti
goal-line	doellyn	igowuli layini	ulayini wamapali

121

ENGLISH	AFRIKAANS	XHOSA	ZULU
halfway line	middellyn	umgca osesazulwini	ulayini omaphakathi
handball	handbal	ibhola ebanjiweyo	ukulibamba ngesandla
header	kopbal	ibola engeniswe ngentloko	ukulishaya ngekhanda
injury time	beseringstyd	ixesha lengozi	isikhathi sokulimala
inside left	linksbinne	i-insayidilefti	i-ina yanga-kwesokunxele
inside right	regsbinne	i-insayidi rayithi	i-ina yanga-kwesokudla
kick off	afskop	isiqalo	ukulisusa
left back	linksagter	ileftibhekhi	ifulibhekhi yanga-kwesokunxele
left half	linkerskakel	ileftihafu	ihhafu yanga-kwesokunxele
left wing	linkervleuel	iphiko lase-khohlo	iwingi yanga-kwesokunxele
linesman	grensregter	ilayinzmeni	usomugqa
loudspeaker	luidspreker	ilawudspikha	ikakhulu okusa-kazwa ngomoya
midfielders	middelveld-spelers	abadlala esiswini	abadlali basesiswini
net	net	umnatha	inethi
obstruction	obstruksie	uthintelo	ukuvimbela
offside	onkant	icala elingelolakho	endaweni engavunyelwe
outside left	linksbuite	iawuthisayidi lefti	umdlali wasophondweni
outside right	regsbuite	iawuthisayidi rayithi	umdlali wasophondweni
pass	aangee	pasa	-phasa
pavilion	pawiljoen	iqonga lababukeli	itende elikhulu
penalty (kick)	strafskop	isohlwayo	iphenalthi
penalty area	strafskopgebied	umhlaba kafayayo	indawo yephenalthi

ENGLISH	AFRIKAANS	XHOSA	ZULU
penalty circle	strafskopsirkel	isangqa sesohlwayo	isiyingi sephenalthi
penalty spot	strafskopmerk	ibala lesohlwayo	emlotheni
players	spelers	abadlali	abadlali
referee	skeidsregter	usompempe	unompempe
reserve	reserwe	obekwa ecaleni	obekwa ecaleni
right back	regsagter	irayithibhekhi	ifulibhekhi yanga-kwesokudla
right half	regterskakel	irayithihafu	ihhafu yanga-kwesokudla
right wing	regtervleuel	iphiko lasekunene	iwingi yanga-kwesokudla
save	keer	nqanda	ukuvimba
score	telling	isikora	amaphuzu
send off	afstuur	gxotha	-khiphela ngaphandle
spectators	toeskouers	ababukeli	izibukeli
stadium	stadion	istediyam	inkundla yemidlalo
striker	aanvalsvoor-speler	istrayikha	umgadli
substitute (player)	plaasvervanger	ibamba	ongena enda-weni yomunye
touch-line	kantlyn	umgca osecaleni	uthashilanyini
upright	regoppaal	ipali	ipali elimile

123

48. CRICKET
KRIEKET
IKRIKETHI
IKHILIKITHI

ENGLISH	AFRIKAANS	XHOSA	ZULU
appeal	appél	aphilisha	-khalela
bails	dwarsbalkies	iibheyile	amabheyili
bat	kolf	ibhadi	ibhethi
batsman	kolwer	umbethi	umbhethi
batting crease	kolfstreep	umhlaba wokubhetisha	umhlaba nwokubhetha
boundary	grens	ibhawundri	umngcele
bowler	bouler	umjiji	umbhawuli
bowling crease	boulstreep	umhlaba wokubhowula	umhlaba wokubhawula
bye	loslopie	ibhayi	ibhayi
duck	nul	iqanda	iqanda
fielder	veldwerker	umcholi	umcoshi-bhola
fielding positions	veldwerk-posisies	iindawo zokuchola	izindawo zabadlali
innings	kolfbeurt	amangeno	amangeno
leg before wicket	been voor paaltjie	umlenze osithileyo	ukusitha ngomlenze
no ball	foutbal	ibhola ekwenziwe impazamo kuyo	ibhola eliyiphutha
offside	onkant	icala elingelolakho	icala elingaphandle
over	boulbeurt	iowuva	i-ova
pitch	kolfblad	ibala	iwikhethi
run out	uitgehardloop	irani awuthi	ukukhishelwa ngaphandle
runs	lopies	imitsi	amarani
stumps	penne	iipali	amapali
umpire	skeidsregter	iamphaya	unompempe

ENGLISH	AFRIKAANS	XHOSA	ZULU
wicket	paaltjie	isibini seentonga ezintathu	iwikethi
wicket-keeper	paaltjiewagter	umgcini-pali	unomawikhethi

49. COUNTRIES/TOWNS
LANDE/STEDE
AMAZWE/IIDOLOPHU
AMAZWE/AMADOLOBHA

ENGLISH	AFRIKAANS	XHOSA	ZULU
Africa	Afrika	iAfrika	iAfrika
Angola	Angola	iAngola	iAngola
Asia	Asië	iAsiya	iAshiya
Botswana	Botswana	iButswana	iBotswana
Cape Town	Kaapstad	iKapa	iKapa
Durban	Durban	iThekwini	iThekwini
East London	Oos-Londen	iMonti	iMonti
England	Engeland	iNgilane	iNgilandi
Europe	Europa	iYurophu	iYurobhu
France	Frankryk	iFransi	iFulansi
Germany	Duitsland	iJamani	iJalimani
Grahamstown	Grahamstad	iRhini	iRhini
Japan	Japan	iJaphani	iJaphani
Johannesburg	Johannesburg	iGoli	iGoli
Kimberley	Kimberley	iKhimbali	iKhimbili
Lesotho	Lesotho	iLusuthu	iLesotho
Malawi	Malawi	iMalawi	iMalawi
Mozambique	Mosambiek	iMozambiki	iMozambiki
Namibia	Namibië	iNamibiya	iNamibia
Pietermaritz-burg	Pietermaritz-burg	uMgun-gundlovu	uMgu-ngundlovu
Port Elizabeth	Port Elizabeth	iBhayi	iBhayi
Pretoria	Pretoria	iPitoli	iPitoli
Republic of South Africa	Republiek van Suid-Afrika	iRiphabliki yoMzantsi Afrika	iRiphabhuliki yaseNingizimu Afrika
Russia	Rusland	iRashiya	iRashiya
South Africa	Suid-Afrika	iMzantsi Afrika	iNingizimu
South America	Suid-Amerika	iMzantsi Melika	iNingizimu Melika
Swaziland	Swaziland	iSwazini	iSwazini

ENGLISH	AFRIKAANS	XHOSA	ZULU
United States	Verenigde State	iMelika	iMelika
Zaire	Zaire	iZaire	iZaire
Zambia	Zambië	iZambiya	iZambiya
Zimbabwe	Zimbabwe	iZimbabhwe	iZimbabwe

50. USEFUL WORDS
NUTTIGE WOORDE
IZENZI AMAGAMA
IZENZO AMAGAMA

ENGLISH	AFRIKAANS	XHOSA	ZULU
afraid	bang	ukoyika	-novalo
after	na	ngasemva	ngemuva
almost	amper	-phantse	-phose
also	ook	ngaphezulu	futhi
always	altyd	qho	njalo
angry	kwaad	qumba	-thukuthele
at night	in die nag	ebusuku	ebusuku
at noon	smiddags	emini	emini
away	weg	kude	kude
because	omdat	ngokuba	ngoba
big	groot	-khulu	-khulu
clever	slim	-hlakaniphile	-hlakaniphile
come here	kom hier	yiza apha	woza lapha
come in	kom binne	ngena	ngena
congratulations	geluk	huntshu	halala
danger	gevaar	ingozi	ingozi
difficult	moeilik	-nzima	-lukhuni
don't forget	moenie vergeet nie	ungalibali	ungakhohlwa
easy	maklik	-lula	-lula
entrance	ingang	isango	isango
everyone	almal	wonke umntu	wonke muntu
everywhere	oral	kuyo yonke indawo	yonke indawo
excuse	verskoning	isilandulo	isilandulo
excuse me	verskoon my	uxolo	uxolo
exit	uitgang	ukuphuma	ukuphuma
far	ver	kude	kude
few	min	-mbalwa	-mbalwa
follow me	volg my	ndilandele	ngilandele
help (n)	hulp	uncedo	uncedo
here is	hier is	apha	nakhu

ENGLISH	AFRIKAANS	XHOSA	ZULU
how many	hoeveel	bangaphi	ngaki
hungry	honger	-lambile	-lambile
I am	ek is	ndi-	ngingu-
I am annoyed	ek is vererg	ndicaphukile	ngithukuthele
I am busy	ek is besig	ndixakekile	ngiyasebenza
I am glad	ek is bly	ndiyavuya	ngiyajabula
I am grateful	ek is dankbaar	ndinombulelo	ngiyathokoza
I am listening	ek luister	ndiphulaphule	ngiyalalela
I am sorry	ek is jammer	ngxesi	ngiyadabuka
I am tired	ek is moeg	ndidiniwe	ngikhathele
I appreciate it	ek waardeer dit	ndiyayivuyela loo nto	ngiyakuthoko- zela lokho
I beg your pardon	ekskuus	ndiyaxolisa	ngiyaxolisa
I cannot	ek kan nie	andikwazi	angikwazi
I don't care	ek gee nie om nie	andikhathali	anginandaba
I don't know	ek weet nie	andazi	angazi
I don't think so	ek dink nie so nie	andicingi	angisho
I have	ek het	-na	ngina-
I know	ek weet	ndiyazi	ngiyazi
I think	ek dink	ndiyacinga	ngicabanga
I want	ek wil	-funa	ngifuna
I wish	ek wens	akwaba	ngifisa
in front of	voor	ngaphambili	phambili
in the afternoon	in die namiddag	emva kwemini	ntambama
in the evening	in die aand	ngorhatya	kusihlwa
in the morning	in die oggend	kusasa	ekuseni
it's bad	dis jammer	kubi	yimbi
let's go	kom ons gaan	masihambe	masihambe
little	klein	-ncinane	-ncane
look out	pasop	lumka	bhasobha
many	baie	ninzi	-ningi
more	meer	ngaphezulu	okuphezulu
never	nooit	soze	phinde
never mind	toemaar	ungakhathazeki	ungakhathazeki
next	volgende	-landelayo	-landelayo
no	nee	hayi	qha/cha

ENGLISH	AFRIKAANS	XHOSA	ZULU
no one	niemand	akukho mntu	noyedwa
now	nou	ngoku	manje
often	baie	kaninzi	kaningi
only one	net een	mnye kuphela	elilodwa
please	asseblief	nceda	ake/siza
shake hands	handgee	masibambe	xhawula
sleep well	lekker slaap	ulale kakuhle	ulale kahle
sometimes	somtyds	ngamanye amaxesha	kuyaqabukela
thank you	dankie	enkosi	ngiyabonga
therefore	daarom	ngako oko	ngakho
they are	hulle is	ba-	banga-
they have	hulle het	-na	bana-
they want	hulle wil	-funa	bafuna
truly	regtig	nyhani	ngempela
we are	ons is	si-	singa-
we have	ons het	-na	sina-
we want	ons wil	-funa	sifuna
welcome	welkom	ulwamkelo	ukwemukela
what else	wat nog	yintoni enye	nani
what is this	wat is dit	yintoni le	kuyini lokhu
when	wanneer	nini	nini
where	waar	phi	kuphi
where is	waar is	iphi	-kuphi
who	wie	ubani	ubani
why	waarom	ngokuba	kungani
yes	ja	ewe	yebo
you are	jy is	u-	ungu-
you have	jy het	-na	una-
you want	jy wil	-funa	ufuna

51. USEFUL VERBS
NUTTIGE WERKWOORDE
IZENZI EZINONCEDO
IZENZO EZIWUSIZO

ENGLISH	AFRIKAANS	XHOSA	ZULU
abuse	misbruik	phatha kakubi	phatha kabi
accept	aanvaar	vuma	vuma
accuse	beskuldig	tyhola	thwesa icala
add	byvoeg	ongeza	engeza
admire	bewonder	buka	babaza
adopt	aanneem	amkela	thola
adore	aanbid	thanda	khulekela
agree	saamstem	vuma	vuma
aim	mik	jolisa	jonga
amputate	afsit	shunqula	nquma
annoy	ontstig	caphukisa	cusula
answer	antwoord	phendula	phendula
approve	goedkeur	vuma	vuma
arrest	arresteer	bamba	bamba
arrive	arriveer	fika	fika
ask	vra	buza	buza
attack	aanval	hlasela	hlasela
bake	bak	bhaka	bhaka
bark	blaf	khonkotha	khonkotha
beg	smeek	cenga	ncenga
bite	byt	luma	luma
blame	blameer	sola	sola
boil	kook	bila	bila
borrow	leen	boleka	boleka
bring	bring	zisa	letha
build	bou	akha	akha
bury	begrawe	ngcwaba	ngcwaba
buy	koop	thenga	thenga
call	roep	biza	biza
carry	dra	thwala	thwala
catch	vang	bamba	bamba
certify	sertifiseer	qinisela	qinisela

ENGLISH	AFRIKAANS	XHOSA	ZULU
choke	stik	miwa	miwa
choose	kies	khetha	khetha
chop	kap	gawula	nquma
clean	skoonmaak	sula	sula
comb	kam	kama	kama
come	kom	yiza	woza
complain	kla	khalaza	khala
confess	erken	vuma	vuma
continue	aanhou	hambisa	hlala
cook	kook	pheka	pheka
cough	hoes	khohlela	khwehlela
count	tel	bala	bala
cry	huil	khala	khala
cut	sny	sika	sika
dance	dans	danisa	dansa
deduct	aftrek	thabatha	susa
defend	verdedig	khusela	vikela
destroy	vernietig	tshabalalisa	chitha
die	sterf	fa	fa
dig	grawe	mba	mba
disappear	verdwyn	sithelo	nyamalala
discontinue	staak	yeka	yeka
discuss	bespreek	xoxa	xoxa
dive	duik	ntywila	cwila
drill	boor	bhola	bhola
drink	drink	sela	phuza
drive	bestuur	thundeza	hambisa
earn	verdien	sebenzela	sebenzela
eat	eet	yitya	idla
elect	verkies	nyula	khethiwe
employ	aanstel	gesha	qasha
enjoy	geniet	onwabela	jabulela
enquire	navraag doen	buzisa	buza
enter	binnegaan	ngena	ngena
escape	ontsnap	sinda	sinda
exercise	oefen	qhelisa	sebenza
expel	verban	gxotha	xosha
explain	verduidelik	cacisa	chasisa
fetch	gaan haal	landa	landa

ENGLISH	AFRIKAANS	XHOSA	ZULU
fight	veg	lwa	lwa
find	kry	fumana	fumana
finish	voltooi	phela	pheza
float	dryf	dada	ntanta
fly	vlieg	bhabha	phapha
forbid	verbied	alela	ala
force	dwing	nyanzela	cindezela
forget	vergeet	libala	khohlwa
forgive	vergewe	xolela	xolela
fry	braai	qhotsa	thosa
give	gee	nika	yipha
go	gaan	hamba	hamba
grow	groei	khula	mila
hang	hang	xhoma	phanyeka
help	help	nceda	siza
hit	slaan	betha	shaya
hold	vashou	bamba	bamba
hunt	jag	zingela	zingela
hurt	seermaak	limaza	limaza
inform	inlig	xelela	bonisa
inject	inspuit	hlaba	hlaba
investigate	ondersoek	gocagoca	hlola
invite	uitnooi	mema	mema
iron	stryk	ayina	ayina
jump	spring	tsiba	tshekula
kick	skop	khaba	khahlela
kidnap	ontvoer	thimba umntu	thumba
kill	doodmaak	bulala	bulala
kiss	soen	phuza	anga
knit	brei	nitha	nitha
knock	klop	nkqonkqoza	ngqongqoza
laugh	lag	hleka	hleka
lay	lê	beka phantsi	beka
lengthen	verleng	ukolula	elula
let go	los	yeka	yeka
lick	lek	khotha	khotha
listen	luister	mamela	lalela
live	lewe	phila	phila
look	kyk	jonga	buka

133

ENGLISH	AFRIKAANS	XHOSA	ZULU
love	liefhê	thanda	thanda
mail	pos	posa	posa
make	maak	enza	enza
marry	trou	tshata	shada
milk	melk	senga	senga
mix	meng	xuba	xubana
murder	vermoor	bulala	bulala
need	nodig hê	funa	swela
notice	opmerk	naka	naka
obey	gehoorsaam	thobela	lalela
occupy	beset	hlala	hlala
oil	olie	galela ioyile	gcoba
omit	uitlaat	shiya	shiya
open	oopmaak	vula	vula
order	beveel	odola	thenga
pack	pak	bopha	bopha
pay	betaal	bhatala	khokha
plan	beplan	ceba	ceba
play	speel	dlala	dlala
pour	skink	galela	thela
prefer	verkies	nyula	beka
prepare	voorberei	lungiselela	lungiselela
prick	prik	hlaba	hlaba
print	druk	shicilela	thanda
promise	belowe	thembisa	thembisa
pull	trek	tsala	donsa
punish	straf	ohlwaya	shaya
put	sit	beka	beka
put on	trek aan	faka	faka
quote	aanhaal	caphula	caphula
rain	reën	na	na
reach	bereik	fika	fika
read	lees	funda	funda
receive	ontvang	amkela	amukela
reign	heers	lawula	busa
relax	ontspan	phumla	phumula
rely	vertrou op	thembela	ethemba
remember	onthou	khumbula	khumbula
remove	verwyder	susa	susa

ENGLISH	AFRIKAANS	XHOSA	ZULU
rent	huur	qesha	qasha
repair	herstel	lungisa	lungisa
repeat	herhaal	phinda	phinda
reply	antwoord	phendula	phendula
rescue	red	sindisa	sindisa
reserve	bespreek	shiyela	godla
resign	bedank	rhoxa	yeka
rest	rus	phumla	phumula
return	terugkeer	buya	buya
reward	beloon	vuza	vuza
rinse	uitspoel	hlambulula	hlambulula
roll	rol	phethula	gingqika
run	hardloop	baleka	gijima
save	red	sindisa	sindisa
say	sê	thi	thi
see	sien	bona	bona
seize	gryp	bamba	bamba
sell	verkoop	thengisa	thengisa
send	stuur	thuma	thuma
serve	bedien	khonza	sebenzela
sew	naaldwerk doen	thunga	thunga
sharpen	skerpmaak	lola	lola
shave	skeer	cheba	sheva
shout	skree	memeza	memeza
show	wys	bonisa	bonisa
shrink	krimp	shwabana	shwabana
shut	sluit	vala	vala
sign	teken	sayina	sayina
sing	sing	cula	cula
sit	sit	hlala	hlala
sit down	sit	hlala phantsi	hlala phansi
slaughter	slag	xhela	bulala
smoke	rook	tshaya	thunqa
smuggle	smokkel	gweva	gunyatha
stab	steek	gwaza	gwaza
stand	staan	ma	ma
stay	bly	hlala	hlala
stop	stop	yima	vimba
surrender	oorgee	mikezela	thela

English	Afrikaans	Xhosa	Zulu
sweep	vee	tshayela	shanela
talk	praat	thetha	khuluma
teach	leer	fundisa	fundisa
tell	vertel	xelela	mtshele
thank	bedank	bulela	bonga
torture	martel	thuthumbisa	nqamuleza
touch	raak	chukumisa	thinta
train	oplei	qeqesha	qeqesha
translate	vertaal	ququlela	humusha
travel	reis	hamba	hamba
turn	draai	jika	jika
use	gebruik	sebenzisa	sebenzisa
visit	besoek	hambela	hambela
wait for	wag vir	lindela	lindela
wake up	word wakker	vuka	vuka
walk	stap	hamba	hamba
warn	waarsku	yala	xwayisa
wash	was	vasa	geza
waste	vermors	chitha	saphaza
weep	huil	lila	lila
whisper	fluister	sebeza	hleba
work	werk	sebenza	sebenza
worry	bekommer	hlupha	khathazeka
write	skryf	bhala	bhala
yawn	gaap	zamla	zamula
yell	gil	memeza	zamuluka

PHRASES
FRASES
AMABINZANA
IMISHO

1. GENERAL
ALGEMEEN
JIKELELE
VAMILE

E	ENGLISH
A	AFRIKAANS
X	XHOSA
Z	ZULU

E Please come here
A Kom asseblief hier
X Khawuncede uze apha
Z Ngicela uze lapha

E Please open the door
A Maak asseblief die deur oop
X Nceda vula ucango
Z Ngicela uvule umnyango

E Please shut the door
A Maak asseblief die deur toe
X Nceda vala ucango
Z Ngicela uvale umnyango

E Who is there?
A Wie is daar?
X Ngubani olapho?
Z Kukhona ubani?

E Do you speak ...?
A Praat jy ...?
X Uyathetha ...?
Z Ukhuluma isi-...?

E I speak ...
A Ek praat ...
X Ndithetha ...
Z Ngikhuluma isi-...

E What do you want?
A Wat wil jy hê?
X Ufunani?
Z Ufunani?

E I don't want anything
A Ek wil niks hê nie
X Andifuni nto
Z Angifuni lutho

E I don't understand you
A Ek verstaan jou nie
X Andikuva kakuhle
Z Angikuzwisisi

E What is it?
A Wat is dit?
X Yintoni?
Z Yini?

E What is the matter?
A Wat is verkeerd?
X Kwenzekani?
Z Kwenzenjani?

E There is nothing the matter with me
A Daar is niks met my verkeerd nie
X Akukho nto ndinayo
Z Anginalutho

E What can I do for you?
A Wat kan ek vir jou doen?
X Ndingakwenzelani?
Z Ngingakwenzelani?

E What happened?
A Wat het gebeur?
X Kwenzekani?
Z Kwenzenjani?

E I know
A Ek weet
X Ndiyazi
Z Ngiyazi

E I don't know
A Ek weet nie
X Andazi
Z Angazi

E Who do you want?
A Vir wie wil jy hê?
X Ufuna bani?
Z Ufuna bani?

E Please wait a moment
A Wag asseblief 'n oomblik
X Khawume kancinane
Z Ake ume kancane

E Go away
A Gaan weg
X Suka
Z Suka

E He isn't here
A Hy is nie hier nie
X Akakho apha
Z Akekho lapha

E What is your name?
A Wat is jou naam?
X Ungubani igama lakho?
Z Ubani igama lakho?

E My name is ...
A My naam is ...
X Igama lam ngu...
Z Igama lami ngingu...

E What is your surname?
A Wat is jou van?
X Ungubani ifani yakho?
Z Ungubani isibongo sakho?

E My surname is ...
A My van is ...
X Ifani yam ndingu...
Z Isibongo sami ngingu...

E How old are you?
A Hoe oud is jy?
X Umdala kangakanani?
Z Uneminyaka emingaki?

E I am ... years old
A Ek is ... jaar oud
X Ndine ... (le) minyaka ubudala
Z Ngineminyaka eyi-

E Where do you live?
A Waar woon jy?
X Uhlala phi?
Z Uhlalaphi?

E I live in ...
A Ek woon in ...
X Ndihlala e...
Z Ngihlala e...

E Where do you come from?
A Waar kom jy vandaan?
X Uvela phi?
Z Uvela kuphi?

E   I have come from ...
A   Ek kom van ... af
X   Bendivela e...
Z   Ngibuya ...

E   Where are you going?
A   Waar gaan jy heen?
X   Uyaphi?
Z   Uyaphi?

E   I am going to ...
A   Ek gaan ... toe
X   Ndiya e ...
Z   Ngiya ...

E   Where do you work?
A   Waar werk jy?
X   Uzebenza phi?
Z   Usebenzaphi?

E   I work ...
A   Ek werk ...
X   Ndesebenza ...
Z   Ngisebenza ...

E   When do you start work?
A   Wanneer begin jy werk?
X   Uqala nini ukusebenza?
Z   Uqala nini ukusebenza?

E   As soon as possible
A   So gou moontlik
X   Msinyane
Z   Ngokuphazima kweso

E   Do your best
A   Doen jou bes
X   Yenza konke okusemandleni
    akho
Z   Yenza konke okusemandleni
    akho

E   How are you today?
A   Hoe gaan dit vandag?
X   Unjani namhlanje?
Z   Unjani namuhla?

E   Fine, thank you. And you?
A   Goed dankie, en met jou?
X   Ndiphilile. Unjani wena?
Z   Ngikhona. Unjani wena?

E   How are the children?
A   Hoe gaan dit met die kinders?
X   Banjani abantwana?
Z   Banjani abantwana?

E   What are you doing?
A   Wat doen jy?
X   Wenzani?
Z   Wenzani?

E   Do you understand?
A   Verstaan jy?
X   Uyaqonda na?
Z   Uyezwa na?

E   Can you explain?
A   Kan jy verduidelik?
X   Ungakhe ucacise?
Z   Ungachaza na?

E   Have you been waiting long?
A   Het jy lank gewag?
X   Kudala ulindile?
Z   Kade ulindile?

E   I shall not keep you long
A   Ek sal jou nie lank ophou nie
X   Andizi kukubambezela
Z   Angizukukubambezela

E   I must go now
A   Ek moet nou gaan
X   Mandihambe ngoku
Z   Sekufanele ngihambe manje

E   Please wait for me
A   Wag asseblief vir my
X   Khawundilinde
Z   Ngicela ungilinde

E   Thank you for your help
A   Dankie vir jou hulp
X   Enkosi ngoncedo lwakho
Z   Ngiyabonga usizo lwakho

E   I shall be glad to help you
A   Ek sal jou graag help
X   Ndingavuya ukukunceda
Z   Ngingajabula ukukusiza

E   Does ... live here?
A   Woon ... hier?
X   Ingaba ... uhlala apha?
Z   U... uhlala lapha?

E   Is he at home?
A   Is hy tuis?
X   Ingaba ukhona?
Z   Ukhona ekhaya?

E   Go and fetch someone
A   Gaan haal iemand
X   Ukuphuthuma
Z   Ukulanda umuntu

E   May I see him?
A   Kan ek hom spreek?
X   Ndingambona?
Z   Ngingambona na?

E   He won't be long
A   Hy sal nie lank neem nie
X   Akazi kuba mde
Z   Uzoba yisikhashana

E   Do not take long
A   Moenie lank neem nie
X   Ungantyuntyi
Z   Uboshesha

E   Please tell him I called
A   Sê hom asseblief ek was hier
X   Maze umxelele ukuba
    bendikhe ndaza
Z   Mtshele ukuthi bengimfuna

E   Don't do that
A   Moenie dit doen nie
X   Sukwenza
Z   Musa ukwenza lokho

E   What do you mean?
A   Wat bedoel jy?
X   Uthetha ukuthini?
Z   Usho ukuthini?

E   Please repeat that
A   Herhaal dit asseblief
X   Nceda khawuyiphinde
Z   Mawuphinde usho lokho

2. TIME
TYD
IXESHA
ISIKHATHI

E	ENGLISH
A	AFRIKAANS
X	XHOSA
Z	ZULU

E   I am in a hurry
A   Ek is haastig
X   Ndingxamile
Z   Ngijahile

E   I must go now
A   Ek moet nou gaan
X   Mandihambe ngoku
Z   Sekufanele ngihambe manje

E   What is the time?
A   Hoe laat is dit?
X   Ngubani ixesha?
Z   Sekuyisikhathi sini?

E   Wait a minute
A   Wag net 'n minuut
X   Khawume kancinane
Z   Yima kancane

E   My watch is fast
A   My horlosie is voor
X   Iwotshi yam iyabaleka
Z   Iwashi lami liphambili

E   My watch is slow
A   My horlosie is agter
X   Iwotshi yam iyacotha
Z   Iwashi lami lisemuva

E   The time is quarter past one
A   Dit is kwart oor een
X   Ixesha ngumkhono emva
    kweyokuqala
Z   Imizuzu iyishumi nanhlanu
    emva kwehora lokuqala

E   It is late
A   Dit is laat
X   Kusemva kwexesha
Z   Isikhathi sesishayilo

E   It is early
A   Dit is vroeg
X   Kusemva kuphambi
Z   Isikhathi sisekahle

E   What time are you leaving?
A   Hoe laat vertrek jy?
X   Uhamba ngabani ixesha?
Z   Uhamba ngasikhathi sini?

E   What time will you be back?
A   Hoe laat sal jy terug wees?
X   Uya kubuya ngabani ixesha?
Z   Uzobuya ngasikhathi sini?

E   One o' clock
A   Eenuur
X   Ngentsimbi yokuqala
Z   Ihora lokuqala

E   The time is half past one
A   Dit is halftwee
X   Ixesha licala emva
    kweyokuqala
Z   Isikhathu yisigamu emva
    kwehora lokuqala

E   The time is quarter to one
A   Dit is kwart voor een
X   Ixesha ngumkhono phambi
    kweyokuqala
Z   Imizuzu iyishumi nanhlanu
    ngaphambi kwehora lokuqala

E   Is it time to go?
A   Is dit tyd om te gaan?
X   Lixesha lokuba kuhanjwe?
Z   Yisikhathi sokuhamba na?

E   The last day
A   Die laaste dag
X   Usuku lokugqibela
Z   Usuku lokugcina

E   In the meantime
A   In die tussentyd
X   Okwakolokunje
Z   Okwesikhashana

E   What day is it?
A   Watter dag is dit?
X   Kungolwesingaphi?
Z   Olwesingaki namubla?

E   Today is Monday
A   Vandag is Maandag
X   Namhlanje nguMvulo
Z   Namuhla uMsombuluko

E   What is the date today?
A   Wat is vandag se datum?
X   Umhla uthini namhlanje?
Z   Yizingaki namuhla?

E   What is the date tomorrow?
A   Wat is môre se datum?
X   Umhla uthini ngomso?
Z   Yizingaki kusasa?

E   What was the date yesterday?
A   Wat was gister se datum?
X   Ibiyintoni umhla izolo?
Z   Izolo kwakuyizingaki?

E   What month is it?
A   Watter maand is dit?
X   Yeyiphi inyanga?
Z   Iyiphi le nyanga?

3. FOOD/DRINKS
KOS/DRANKE
UKUTYA/IZISELO
UKUDLA/IZIPHUZO

E	ENGLISH
A	AFRIKAANS
X	XHOSA
Z	ZULU

E Would you like something to eat or to drink?
A Wil jy iets hê om te eet of te drink?
X Kukho nto onqwenela ukuyisela?
Z Ufuna okokuphuza na?

E I am hungry
A Ek is honger
X Ndilambile
Z Ngilambile

E I am thirsty
A Ek is dors
X Ndinxaniwe
Z Ngomile

E May I have some water?
A Kan ek water kry?
X Ndingafumana amanzi?
Z Ngicela amanzi?

E Dish up
A Skep op
X Phaka
Z Phaka

E May I have some salt and pepper?
A Kan ek sout en peper kry?
X Ndingafumana ityuwa nepepile?
Z Ngicela itswayi nopelepele?

E May I have some bread and butter?
A Kan ek brood en botter kry?
X Ndingafumana isonka kunye nebhotolo?
Z Ngicela isinkwa nebhotela?

E I shall prepare supper
A Ek sal aandete voorberei
X Ndiza kwenza isopholo
Z Ngizopheka isapha

E I shall prepare lunch
A Ek sal middagdete voorberei
X Ndiza kwenza ilantshi
Z Ngizopheka ilantshi

E Carve the meat
A Sny die vleis
X Sika inyama
Z Qoba inyama

E Lets say grace
A Kom ons vra die seën
X Masithandaze
Z Ake sibonge

E Enjoy the meal
A Geniet die ete
X Yonwabela ukutya
Z Thokozela ukudla

E Pour the wine
A Skink die wyn
X Galela iwayini
Z Thela iwayini

E Serve the soup
A Bedien die sop
X Phaka isuphu
Z Phaka isobho

E Pass the bread
A Gee die brood aan
X Gqithisa isonka
Z Dlulisa isinkwa

E Another helping?
A Nog 'n porsie?
X Ufuna ukuphinda?
Z Ufuna ukuphinda?

E Chew the food
A Kou die kos
X Hlafuna ukutya
Z Hlafuna ukudla

E Eat slowly
A Eet stadig
X Ungaphangi
Z Ungaphangi

E Wipe your mouth
A Vee jou mond af
X Sula umlomo
Z Sula umlomo

E Tasty food
A Smaaklike kos
X Ukutya okunencasa
Z Ukudla okumnandi

E The toast is burnt
A Die roosterbrood het gebrand
X Isonka sirhawukile
Z Uthosi ushile

E The food is cold
A Die kos is koud
X Ukutya kuyabanda
Z Ukudla kuyabanda

E The food is overdone
A Die kos is te doodgekook
X Ukutya kuvuthwe kakhulu
Z Ukudla kuvuthwe lushu

E The food is not properly
   cooked
A Die kos is halfrou
X Ukutya akuphekekanga
Z Ukudla kuseluhlaza

E May I have a serviette?
A Kan ek 'n servet kry?
X Ndingafumana ilatshana
   lezandla?
Z Ngicela iseviyethe?

E Table manners
A Tafelmaniere
X Ukuziphatha kakuhle
   etafileni
Z Umkhuba wokuziphata
   etafuleni

E No, thank you, I have had
   sufficient
A Nee dankie, ek het genoeg
   gehad
X Hayi enkosi, sendanele
Z Ngiyabonga, sengesuthi

145

E Excuse yourself from the table
A Vra om van die tafel verskoon
   te word
X Zicelele uxolo etafileni
Z Cela uxolo etafuleni

E Did you enjoy the meal?
A Het u die ete geniet?
X Ingaba utye kamnandi?
Z Udle kamnandi na?

E I shall bake a cake
A Ek sal 'n koek bak
X Ndiza kubhaka ikeyiki
Z Ngizobhaka ikhekhe

E Would you like some tea?
A Het jy lus vir tee?
X Kunjani ngeti?
Z Ufuna itiye?

E Would you like some coffee?
A Het jy lus vir koffie?
X Kunjani ngekofu?
Z Ufuna ikhofi?

E I shall make tea
A Ek sal tee maak
X Ndiza kwenza iti
Z Ngizokwenza itiye

E I shall make coffee
A Ek sal koffie maak
X Ndiza kwenza ikofu
Z Ngizokwenza ikhofi

E Do you take milk?
A Neem jy melk?
X Uyalusela ubisi?
Z Uphuza ubisi?

E How much sugar?
A Hoeveel suiker?
X Iswekile engakanani?
Z Ushukela ongakanani?

E Two spoons of sugar, please
A Twee lepels suiker, asseblief
X Amacephe nje amabini
Z Izinkezo ezimbili

4. WEATHER
WEER
IMOZULU
IZULU

E   Listen to the weather report
A   Luister na die weerberig
X   Phulaphula ingxelo yemo-zulu
Z   Lalela umbiko wesimo sezulu

E   How is the weather today?
A   Hoe is die weer vandag?
X   Injani imozulu namhlanje?
Z   Linjani izulu namuhla?

E   The sun is hot
A   Die son is warm
X   Ilanga lishushu
Z   Ilanga liyashisa

E   It is very cold
A   Dit is baie koud
X   Kubanda kakhulu
Z   Kubanda kakhulu

E   It is raining
A   Dit reën
X   Kuyana
Z   Liyana

E   It is fine and hot
A   Dit is mooiweer en warm
X   Lizolile kwaye lifudumele
Z   Licwathile futhi lifudumele

E   The weather is cloudy
A   Dit is bewolk
X   Izulu lisibekele
Z   Izulu liguqubele

E   The wind is blowing
A   Die wind waai
X   Umoya uyavuthuza
Z   Umoya uvunguza

E   It is thundering
A   Daar is donderweer
X   Kuyaduduma
Z   Izulu liyaduma

E   There is lightning
A   Daar is weerlig
X   Kuyabaneka
Z   Izulu liyabanika

E   There is hail
A   Dit hael
X   Kuwa isichotho
Z   Liwisa amatshe

E   There is snow
A   Dit sneeu
X   Kukho ikhephu
Z   Kuneqhwa

E   The sky is clearing
A   Die lug trek oop
X   Izulu liyatyhila
Z   Izulu liyaphenya

E   The snow thaws
A   Die sneeu smelt
X   Ikhephu liyanyibilika
Z   Iqhwa liyancibilika

5. GARDEN
TUIN
IGADI
INGADI

E	ENGLISH
A	AFRIKAANS
X	XHOSA
Z	ZULU

E The garden needs watering
A Die tuin moet natgespuit word
X Igadi ifuna ukunkcenkceshelwa
Z Ingadi idinga ukuniselwa

E Please water the flowers
A Spuit asseblief die blomme nat
X Nkcenkceshela iintyatyambo
Z Ake uchelele izimbali

E Rake up the leaves
A Hark die blare op
X Halika amagqabi
Z Hhala amaqabunga

E The flowerbeds need weeding
A Die onkruid moet uit die blombeddings gehaal word
X Iziqendwana zeentyatyambo zifuna ukususwa ukhula
Z Izimbali zidinga ukuhlakulelwa

E Weed the garden
A Haal die onkruid uit die tuin
X Susa ukhula egadini
Z Susa ukhula engadini

E The lawn must be mowed
A Die gras moet gesny word
X Ingca kufuneka ichetywe
Z Utshani bufanele ukusikwa

E Please mow the lawn
A Sny asseblief die gras
X Nceda undindanise ingca
Z Ake usike utshani

E Start the lawn-mower
A Skakel die grassnyer aan
X Dumisa umashini wokucheba ingca
Z Dumisa umshini wokusika utshani

E Trim the edge
A Knip die rand
X Ndindanisa umphetho
Z Sika umphetho ulingane

E Add compost to the soil
A Sit kompos in die grond
X Faka umgquba emhlabeni
Z Faka umquba enhlabathini

E The hedge needs trimming
A Die heining moet gesnoei word
X Uthango lwemithi lufuna ukulungelelaniswa
Z Uthango kumele luncwelwe

E Level the ground
A Maak die grond gelyk
X Lungelelanisa umhlaba
Z Hlela umhlabathi

E I shall pick some flowers
A Ek sal blomme pluk
X Ndiza kukha iintyatyambo
Z Ngizokha izimbali

E Plant the trees
A Plant die bome
X Tyala imithi
Z Tshala izihlahla

6. SCHOOL
SKOOL
ISIKOLO
ISIKOLE

E	ENGLISH
A	AFRIKAANS
X	XHOSA
Z	ZULU

E Good morning, children
A Goeiemôre, kinders
X Molweni bantwana
Z Sanibona bantwana

E Good morning, teacher
A Goeiemôre, juffrou/meneer
X Molo titshala
Z Sawubona thisha

E Go into the classroom
A Gaan in die klaskamer in
X Ngenani eklasini
Z Ngenani ekilasini

E Children, please sit down
A Kinders, sit asseblief
X Bantwana hlalani phantsi
Z Hlalani phansi, bantwana

E Be quiet, please
A Stilte asseblief
X Thulani
Z Thulani umsindo

E Listen carefully
A Luister mooi
X Phulaphulani
Z Lalela kahle

E Please stand up
A Staan asseblief op
X Sukumani
Z Sukumani

E I don't understand this work
A Ek verstaan nie hierdie werk nie
X Andiwuqondi lo msebenzi
Z Angiwuzwisisi lo msebenzi

E Open your books
A Maak julle boeke oop
X Vulani iincwadi zenu
Z Vulani izincwadi zenu

E Speak up, please
A Praat harder, asseblief
X Thetha kakhulu
Z Khuluma kakhulu

E Correct answer
A Regte antwoord
X Impendulo elungileyo
Z Impendulo elungile

E Wrong answer
A Verkeerde antwoord
X Impendulo engeyiyo
Z Impendulo ephaphalazayo

E Play truant
A Stokkiesdraai
X Ukubaleka isikolo
Z Balekela isikole

E Lend me your pen
A Leen my jou pen
X Ndiboleke usiba lwakho
Z Ngitsheleke ipeni lakho

E The bell rings for break
A Die klok lui vir pouse
X Intsimbi ikhalela ikhefu
Z Insimbi ikhalela ikhefu

7. SHOPPING (GENERAL)
INKOPIES (ALGEMEEN)
UKUTHENGA (JIKELELE)
UKUTHENGA (VAMILE)

E	ENGLISH
A	AFRIKAANS
X	XHOSA
Z	ZULU

E   I want to buy
A   Ek wil ... koop
X   Ndifuna ukuthenga ...
Z   Ngifuna ukuthenga ...

E   How much does it cost?
A   Hoeveel kos dit?
X   Ixabisa malini?
Z   Kubiza malini?

E   It costs ...
A   Dit kos ...
X   Ixabisa ...
Z   Kubiza ...

E   May I pay by cheque?
A   Kan ek met 'n tjek betaal?
X   Ndingahlawula ngetsheki?
Z   Ngingakhokha ngesheke?

E   May I pay by credit card?
A   Kan ek met 'n kredietkaart betaal?
X   Ndingahlawula ngekhredit khadi?
Z   Ngingakhokha ngekhadi lokuthatha ngesikweletu?

E   Put it on my account
A   Sit dit op my rekening
X   Yifake kwiakhawunti yam
Z   Faka ku-akhawunti yami

E   What are the instalments?
A   Hoeveel is die paaiemente?
X   Zithini izavenge?
Z   Malini ekhokhwa ngamanconzunconzu?

E   Pay at the till
A   Betaal by die kassier
X   Hlawula ethilini
Z   Khokha emshinini

E   Do you have any change?
A   Het jy kleingeld?
X   Unayo na itshintshi?
Z   Unawo ushintshi?

E   How much money do you have on you?
A   Hoeveel geld het jy by jou?
X   Unamalini apha kuwe?
Z   Uphethe malini?

E   I want to take this item on apro
A   Ek wil hierdie artikel op sig neem
X   Ndifuna ukuthatha le nto okwexesha ndiyokuyilinganisa
Z   Le mpahla ngifuna ukuyithatha kengiyoyihlolo kuqala

E I want something cheaper
A Ek wil iets goedkoper hê
X Ndifuna into exabisa kancinci
Z Ngifuna okushibhashibhile

E You pay less
A Jy betaal minder
X Ubhatala ngaphantsi
Z Ukhokha ngaphansi

E Buy now and save
A Koop nou en bespaar
X Thenga ngoku wonge
Z Thenga manje wonge

E I want to lay-by this item
A Ek wil hierdie artikel bêrekoop
X Ndifuna ukuleyibhaya le nto
Z Ngifuna ukukhokha isibambiso kulempahla

E Offer valid until ...
A Aanbod geldig tot ...
X Isithembiso siphela ...
Z Isithembiso siphela ...

E Special offer
A Spesiale aanbod
X Isipeshele ntengiso
Z Intengo eyisipesheli

E What did you buy?
A Wat het jy gekoop?
X Uthenge ntoni?
Z Uthengeni?

E Two for the price of one
A Twee vir die prys van een
X Ufuna izinto ezimbini ngexabiso lento enye
Z Uthola okubili ngenani lokukodwa

E Twenty percent discount
A Twintig persent afslag
X Isaphulelo samashumi amabini eepesenti
Z Isephulelo samashumi amabili amaphesenti

E Save ten percent
A Bespaar tien persent
X Yonga ngama-10 pesenti
Z Onga amaphesenti ayishumi

8. SHOPPING (CLOTHES)
INKOPIES (KLERE)
UKUTHENGA (IIMPAHLA)
UKUTHENGA (IZINXIBO)

E	ENGLISH
A	AFRIKAANS
X	XHOSA
Z	ZULU

E I want size ...
A Ek wil nommer ... hê
X Ndifuna usayizi ...
Z Ngifuna usayizi ...

E What colours do you have?
A Watter kleure het u?
X Yeyiphi imibala onayo?
Z Unezingubo ezinemibala enjani?

E Must this be dry-cleaned?
A Moet 'n mens dit droogskoonmaak?
X Kufuneka le ihlanjwe ngaphandle kwamanzi na?
Z Kumele kudrayikilinwe?

E This is not my size
A Dit is nie my grootte nie
X Asiyosayizi yam le
Z Akusiwo usayizi wami lakhu

E May I try this on?
A Kan ek dit aanpas?
X Ndingasilinganisa esi?
Z Ngingakulinganisa lokhu?

E I want something smaller
A Ek wil iets kleiner hê
X Ndifuna ebucinane
Z Ngifuna okuncanyana

E I want something larger
A Ek wil iets groter hê
X Ndifuna enkulwana
Z Ngifuna okukhudlwana

E This does not fit me
A Dit pas nie vir my nie
X Le ayindilingani
Z Lokhu akungilingani

E This does not suit me
A Dit pas my nie
X Le ayindifaneli
Z Lokhu akungifaneli

E What are the washing instructions?
A Wat is die wasaanwysings?
X Ithini imigaqo yokuhlamba?
Z Kugezwa kanjani lokhu?

E Will the colour run?
A Sal die kleur uitgaan?
X Ingaba umbala uza kuphuma?
Z Umbala uzophuma yini?

E The latest fashion
A Die nuutste mode
X Ifeshini yanamhlanje
Z Ifeshini yesimanje

154

E Out of fashion
A Uit die mode
X Iphumile efeshinini
Z Isiphumile efeshinini

E What shoe size do you wear?
A Watter nommer skoen dra u?
X Unxiba eyiphi isayizi esihlangwini?
Z Ugqoka izicathulo ezingakanani?

9. STATION/TRAIN
STASIE/TREIN
ISITISHI/ULOLIWE
ISITESHI/ISITIMELA

E	ENGLISH
A	AFRIKAANS
X	XHOSA
Z	ZULU

E Where is the station?
A Waar is die stasie?
X Siphi isikhululo?
Z Sikuphi isiteshi?

E Where is the station-master?
A Waar is die stasiemeester?
X Uphi usositishi?
Z Uphi umphathisiteshi?

E Where is the conductor?
A Waar is die kondukteur?
X Uphi umhloli-matikiti?
Z Uphi ukhondaktha?

E Is there a porter?
A Is daar 'n kruier?
X Ukhona umthuthi mpahla?
Z Kukhona othutha izimpahla?

E Book your ticket
A Bespreek jou plek
X Bhukisha itikiti lakho
Z Bekisa ithikithi lakho

E Where is the timetable?
A Waar is die tydrooster?
X Abhalwe phi amaxesha?
Z Ithebula lezikhathilikuphi?

E Is there a dining-car?
A Is daar 'n eetsalon?
X Ikhona indawo yokutyela?
Z Ikhona inqola yokudla?

E Carry the luggage
A Dra die bagasie
X Phatha umthwalo
Z Phatha umthwalo

E How much is a ticket to ...?
A Hoeveel kos 'n kaartjie ... toe?
X Yimalini itikiti eliya ...?
Z Limalini ithikithi eliya e...?

E I want to buy a single ticket to
...
A Ek wil 'n enkelkaartjie ... toe
koop
X Ndifuna ukuthenga itikiti
eliyisingili e...
Z Ngifuna ukthenga ithikithi
eliyisingili ...

E I want to buy a return ticket to
...
A Ek wil 'n retoerkaartjie na ...
toe koop
X Ndifuna ukuthenga itikiti
eliya libuye e...
Z Ngifuna ukthenga ithikithi
eliyiritheni ...

E Where can I leave my
luggage?
A Waar kan ek my bagasie los?
X Ndingayishiya phi impahla
yam?
Z Ngigazishiyaphi izimpahla
zami?

E Is there a sleeper?
A Is daar 'n slaapwa?
X Ikhona indawo yokulala?
Z Ikhona inqola yokulala?

E Is it an express train?
A Is dit 'n sneltrein?
X Ingaba yitreyini ekhawulezayo?
Z Yisitimela esingumasheshisa na?

E Where does the train stop?
A Waar stop die trein?
X Imisa phi itreyini?
Z Sima kuphi isitimela?

E What platform does the train leave from?
A Van watter platform af vertrek die trein?
X Indulukela kweyiphi iplatfomu itreyini?
Z Isistimela sisuka kuyiphi ipulatfomu?

E Which way is platform ...?
A Watter kant toe is platform ...?
X Ikweliphi icala iplatfomu ...?
Z Ipulatfomu ... ingakuphi?

E The train arrived late
A Die trein het laat gearriveer
X Uloliwe ufike kade
Z Isitimela siphuzile ukufika

E The train is about to leave
A Die trein is op die punt om te vertrek
X Itreyini seyiza kuhamba
Z Isitimela sesizohamba manje

E Have a safe journey
A Reis voorspoedig
X Uhambe kakuhle
Z Ube nohambo oluphephile

E Here is my ticket
A Hier is my kaartjie
X Nali itikiti lam
Z Nanti ithikithi lami

E Put my luggage under the seat
A Sit my bagasie onder die sitplek
X Beka umthwalo wam phantsi kwesihlalo
Z Beka izimpahla zami ngaphansi kwesihlalo

E Put my luggage on the rack
A Sit my bagasie op die rak
X Beka umtwalo wam phantsi erakini
Z Beka izimpahla zami ngaphansi phezulu eshalofini

E May I open the window?
A Kan ek die venster oopmaak?
X Ndingayivula ifestile?
Z Ngingalivula ifasitela na?

E Please shut the window
A Maak asseblief die venster toe
X Khawuvale ifestile
Z Ngicela uvale ifasitela

10. AIRPORT
LUGHAWE
ITHAFA LEENQWELO-MOYA
ISHASHALAZI LEZINDIZA

E ENGLISH
A AFRIKAANS
X XHOSA
Z ZULU

E Where is the airport?
A Waar is die lughawe?
X Siphi isikhululo senqwelo moya?
Z Ikuphi inkundla yezindiza?

E Domestic flight
A Binnelandse vlug
X Iinqwelo-moya zasekhaya
Z Izindiza zasekhaya

E International flight
A Internasionale vlug
X Iinqwelo-moya zangaphandle
Z Izindiza zangaphandle

E Where is the departures hall?
A Waar is die die vertreksaal?
X Iphi indawo yokunduluka?
Z Likuphi ihholo lokwemuka?

E Where is the arrivals hall?
A Waar die die aankomssaal?
X Iphi indawo fikela?
Z Likuphi ihholo likufika?

E Can I fly direct?
A Kan ek direk vlieg?
X Ndingabhabha ngqo ngenqwelo-moya?
Z Ikhona indiza eqonda lapho ngiya knona?

E Where must I check in?
A Waar moet ek inweeg?
X Iphi indawo yokutsheka?
Z Kumele ngingene kuphi?

E What luggage may I take on board?
A Watter bagasie kan ek aan boord neem?
X Ndikhwele nawuphi umtwalo?
Z Ngingagibela naziphi izimpahla?

E Is there transport to the city?
A Is daar vervoer stad toe?
X Zikhona izithuthi eziya edolophini?
Z Ikhona intilasipoti yokuya edolobheni?

E I want a window seat
A Ek wil 'n venstersitplek hê
X Ndifuna isihlalo esingasefestileni
Z Ngifuna isihlalo esingasefasiteleni

E May I change my seat?
A Kan ek my sitplek verander?
X Ndingasitshintsha isihlalo sam?
Z Ngingashintsha isihlalo sami?

E I want to cancel my reservation
A Ek wil my bespreking kanselleer
X Ndifuna ukurhoxisa indawo ebigciniwe
Z Ngifuna ukukhansela ithikithi lami

E I suffer from travel-sickness
A Ek kry reissiekte
X Ndinesigulo sohambo
Z Ukuhamba kuyangigulisa

E Please fasten your seat-belts
A Maak asseblief u sitplekgordels vas
X Ncedani nihophe iibhanti
Z Bophani amabhande ezihlalo zenu

E Where is the emergency exit?
A Waar is die nooduitgang?
X Iphi indawo yokuphuma ngethuba lokuxakeka?
Z Uphi umnyango wokuphuma ngokuphuthuma?

11. POST OFFICE
POSKANTOOR
IPOSOFISI
EPOSINI

E	ENGLISH
A	AFRIKAANS
X	XHOSA
Z	ZULU

E Where is the nearest post office?
A Waar is die naaste poskantoor?
X Iphi iposi ekufutshane?
Z Likuphi iposi eliseduze?

E I want to mail a letter
A Ek wil 'n brief pos
X Ndifuna ukuposa ileta
Z Ngifuna ukuposa incwadi

E When does the last mail go?
A Wanneer gaan die laaste pos uit?
X Iposi yamva ihamba nini?
Z Iposi lokugcina liphuma nini?

E Can you please mail this letter for me?
A Sal u asseblief die brief vir my pos?
X Ungandinceda undiposele le leta?
Z Ngicela ungiposele le ncwadi?

E I want to buy postage stamps
A Ek wil posseëls koop
X Ndifuna ukuthenga izitampu zokuposa
Z Ngifuna ukuthenga izitembu

E I want to insure this letter
A Ek wil die brief verseker
X Ndifuna ukuqinisekisa ileta
Z Ngifuna ukuposa le ncwadi ngesiqinisekiso

E Which counter must I go to?
A Na watter toonbank toe moet ek gaan?
X Ndiye kweyiphi ikhawuntari?
Z Ngimele ngiye kuliphi ikhawunta?

E Join the queue
A Staan in die ry
X Ngena emgceni
Z Ngena edilesini

E How much is the postage to ...?
A Hoeveel is die posgeld na ... toe?
X Kuposwa ngamalini ukuya e ...?
Z Libiza malini iposi ukuya e ...?

E I want to send a telegram
A Ek wil 'n telegram stuur
X Ndifuna ukuthumela ucingo
Z Ngifuna ukuthumela ithelegrama

E   I want to insure this parcel
A   Ek wil die pakkie verseker
X   Ndifuna ukuqinisekisa ipasile
Z   Ngifuna ukuposa leli phasela
    ngesiqinisekiso

E   Where can I phone?
A   Waar kan ek bel?
X   Ndingafona phi?
Z   Ngigalushaya kuphi ucingo?

E   I want to collect a parcel
A   Ek kom 'n pakkie haal
X   Ndifuna ukuthatha ipasile
Z   Ngilande iphasela

E   This parcel is fragile
A   Die inhoud van die pakkie is
    breekbaar
X   Le pasile iyaphuka
Z   Leli phasela lingaphuka

E   I want to change my address
A   Ek wil my adres verander
X   Ndifuna ukutshintsha iadresi
    yam
Z   Ngifuna ukushintsha ikheli
    lami

E   I want to apply for a telephone
A   Ek wil aansoek doen om 'n
    telefoon
X   Ndifuna ukwenza isicelo
    sefoni
Z   Ngifuna ukucela ithelefoni

E   I want to apply to transfer a
    telephone
A   Ek wil aansoek doen om 'n
    telefoon oor te dra
X   Ndifuna ukutshintshela
    kwenye indawo ifoni
Z   Ngifuna ukucela
    ukwedlulisela ithelefoni

E   I want to apply for a post
    office box
A   Ek wil aansoek doen om 'n
    posbus
X   Ndifuna ukwenza isicelo
    sebhokisi yeposi
Z   Ngifuna ukucela ibhokisi
    leposi

E   I want to pay my telephone
    account
A   Ek wil my telefoonrekening
    betaal
X   Ndifuna ukuhlawula
    iakhawunti yefoni
Z   Ngifuna ukukhokha i-
    akhawunti yethelefoni

E   I want to pay my television
    licence
A   Ek wil my televisielisensie
    betaal
X   Ndifuna ukuhlawula
    iakhawunti ilayisenisi
    yethelevizhini
Z   Ngifuna ukukhokha i-
    akhawunti nelayisense
    yethelevishini

12. BANK
BANK
IBHANKI
EBHANGE

E   Where is the nearest bank?
A   Waar is die naaste bank?
X   Iphi ibhanki ekufutshane?
Z   Yiliphi ibhange eseduze?

E   When do the banks open?
A   Wanneer maak die banke oop?
X   Iibhanki zivulwa nini?
Z   Amabhange avula nini?

E   When do the banks close?
A   Wanneer maak die banke toe?
X   Iibhanki zivalwa nini?
Z   Amabhange avala nini?

E   I want change
A   Ek wil kleingeld hê
X   Ndifuna itshintshi
Z   Ngifuna ushintshi

E   I want to open an account
A   Ek wil 'n rekening oopmaak
X   Ndifuna ukuvula iakhawunti
Z   Ngifuna ukuvula i-akhawunti

E   Where do I sign?
A   Waar moet ek teken?
X   Ndisayine phi?
Z   Ngimele ngisayine kuphi?

E   I want to draw money
A   Ek wil geld trek
X   Ndifuna ukukhupha imali
Z   Ngifuna ukukhipha imali

E   I want to close my account
A   Ek wil my rekening sluit
X   Ndifuna ukuyivala iakhawunti yam
Z   Ngifuna ukuvala i-akhawunti yami

E   I want to deposit money
A   Ek wil geld deponeer
X   Ndifuna ukufaka imali
Z   Ngifuna ukulondoloza imali

E   How much would you like to deposit?
A   Hoeveel wil u deponeer?
X   Ufana ukufaka malini?
Z   Ufuna ukulondoloza malini?

E   I want to cash a cheque
A   Ek wil 'n tjek wissel
X   Ndifuna ukutshintsha itsheke
Z   Ngifuna ukukhesha isheki

E   I want to draw a cheque
A   Ek wil 'n tjek trek
X   Ndifuna ukwenzelwa itsheke
Z   Ngifuna ukukhipha isheki

E   I want to apply for a loan
A   Ek wil om 'n lening aansoek doen
X   Ndifuna ukuboleka imali
Z   Ngifuna ukweboleka imali

E I want to apply for a cheque-book

A Ek wil om 'n tjekboek aansoek doen

X Ndifuna ukwenza isicelo sencwadi

Z Ngifuna ukucela ibhuku lamasheke

E I want to apply for a credit card

A Ek wil om 'n kredietkaart aansoek doen

X Ndifuna ukwenza isicelo sekhredithi khadi

Z Ngifuna ukucela ikhadi lokuthenga ngesikweletu

E I want to apply for an overdraft

A Ek wil om 'n oortrekking aansoek doen

X Ndifuna ukwenza isicelo seowuva drafti

Z Ngifuna ukucela i-ovadrafu

E What is the balance in my account?

A Wat is die balans op my rekening?

X Kusele malini kwiakhawunti yam?

Z Malini eyibhalansi ku-akhawunti yami?

E What is the exchange rate?

A Wat is die wisselkoers?

X Ithini na ireyiti yotshintshiselwano?

Z Yini inani lokushintshisana ngemali?

163

13. HOTEL
HOTEL
IHOTELE
IHOTELA

E	ENGLISH
A	AFRIKAANS
X	XHOSA
Z	ZULU

E Where is the nearest hotel?
A Waar is die naaste hotel?
X Iphi ihotele ekufutshane?
Z Likuphi ihotela eliseduze?

E Do you have any vacancies?
A Is hier nog plek?
X Ingaba unazo izithuba?
Z Unayo indawo?

E I have a booking
A Ek het 'n bespreking
X Ndigcinelwe indawo
Z Ngibhukile

E Are animals allowed?
A Word diere toegelaat?
X Ingaba zivunyelwe na izilwanyana?
Z Izilwane ziyavunyelwa?

E I want a single room
A Ek wil 'n enkelkamer hê
X Ndifuna igumbi lomntu omnye
Z Ngifuna ikamelo eliyisingili

E I want a double room
A Ek wil 'n dubbelkamer hê
X Ndifuna igumbi lababini
Z Ngifuna ikamelo eliyidabuli

E Is there a special rate for children?
A Is daar 'n spesiale tarief vir kinders?
X Kukho isibonelelo sexabiso sabantwana na?
Z Abantwana banalo inani lezibizo eliyisipesheli?

E Does the tariff include breakfast?
A Sluit die tarief ontbyt in?
X Ingaba ixabiso liqukanisa ibrakfesi?
Z Ngabe imali ebizwayo nebhulakufesi?

E Does the tariff include dinner?
A Sluit die tarief aandete in?
X Ingaba ixabiso liqukanisa idinara?
Z Ngabe imali ebizwayo nedina?

E What is the hotel tariff?
A Wat is die hoteltarief?
X Athini na amaxabiso ehotele?
Z Libiza malini ihotela?

E I want a room with a bathroom
A Ek wil 'n kamer met 'n badkamer hê
X Ndifuna igumbi elinegunjana
Z Ngifuna ikamelo elinebhavulumu

E Do you have anything
cheaper?
A Het u iets goedkoper?
X Unayo into exabisa kancinci?
Z Awunakho
okushibhashibhile?

E Does the room have
television?
A Het die kamer televisie?
X Ingaba igumbi linayo
itelevizhini?
Z Ikamelo linayo ithelevishini?

E Does the room have air-
conditioning?
A Het die kamer lugreëling?
X Ingaba igumbi linaso
isiphephelisi?
Z Ikhono i-ekhondishini
ekamelweni?

E May I see the room?
A Kan ek die kamer sien?
X Ndingalibona igumbi?
Z Ngingalibona ikamelo na?

E Please sign the register
A Teken asseblief die register
X Nceda usayine irejista
Z Ngicela usayine irejesta

E May I have my room key?
A Kan ek my kamersleutel kry?
X Ndingasifumana isitshixo
segumbi lam?
Z Ngicela isikhiye sekamelo
lami?

E Where can I park my car?
A Waar kan ek my motor
parkeer?
X Ndingayimisa phi na imoto
yam?
Z Ngingayibeka kuphi imoto
yami?

E Where is the dining-room?
A Waar is die eetkamer?
X Liphi na igumbi lokutyela?
Z Likuphi ikamelo lokudlela?

E Where is the bar?
A Waar is die kroeg?
X Liphi na igumbi lokusela?
Z Ikuphi inkantini?

E May I have room service?
A Kan ek kamerdiens kry?
X Ndingaziselwa izinto
egumbini lam na?
Z Ngicela ukulethelwa ukudla
ekamelweni?

E Is there a message for me?
A Is daar 'n boodskap vir my?
X Kukho umyalezo wam na?
Z Ukhona yini umlayezo wami?

E May I have my bill?
A Kan ek my rekening kry?
X Khawundiphe iakhawunti
yam?
Z Ngicela i-akhwunti yami?

E May I have a receipt?
A Kan ek 'n kwitansie kry?
X Khawundiphe isiphetshana?
Z Ngicela iriside?

E Please call a taxi
A Ontbied asseblief 'n taxi
X Nceda ubize iteksi
Z Ngicela ungibizele ithekisi

E Please collect my luggage
A Bring asseblief my bagasie
X Khawundiphathise umthwalo wam
Z Ngicela ungilethele izimpahla zami

14. RESTAURANT
RESTAURANT
IRESTYU
IRESTORANTI

E	ENGLISH
A	AFRIKAANS
X	XHOSA
Z	ZULU

E Is this restaurant self-service?
A Is dit 'n selfdiensrestaurant?
X Uyazinceda umntu kule restyu?
Z Le restoranti ingumazithathele yini?

E Do you serve take-aways?
A Bedien u wegneemetes?
X Niyamnceda umntu othenga ahambe?
Z Niyakuthengisa ukudla okuhanjwa nakho?

E Is this restaurant licensed?
A Is hierdie restaurant gelisensieerd?
X Isemthethweni na le restyu?
Z Le restoranti inalo ilayisense lotshwala?

E I have booked a table
A Ek het 'n tafel bespreek
X Ndigcinelwe itafile
Z Ngilibhukile itafula

E Do you have a table for ...?
A Het u 'n tafel vir ...?
X Ninayo itafile ya ...?
Z Unalo itafula elingahlala ...?

E May I see a menu?
A Kan ek die spyskaart sien?
X Ndingayibona imenyu?
Z Ngicela ukubona imenyu?

E Do you serve children's portions?
A Bedien u kinderporsies?
X Niyabaphakela abantwana?
Z Niyakuphaka yini okulingene abantwana?

E What is your speciality?
A Wat is u spesialiteit?
X Yeyiphi into eyodwa ekukholisayo?
Z Yikuphi ukudla okuyisipesheli sosuku?

E What do you recommend?
A Wat beveel u aan?
X Ucebisa ntoni na?
Z Uncomani wena?

E Are you ready to order?
A Is u gereed om te bestel?
X Sowukulungele ukuodola?
Z Usufuna uku-oda na?

E May I have some water?
A Kan ek water kry?
X Ndingafumana amanzi?
Z Ngicela amanzi?

E I would like ...
A Ek wil graag ... hê
X Ndingathanda ...
Z Ngizocela ...

E   This isn't clean
A   Dit is nie skoon nie
X   Le ayicocekanga
Z   Akumsulwa lokhu

E   I would like to see the dessert menu
A   Ek wil asseblief die nagereg-spyskaart sien
X   Ndicela ukubona imenyu yezimuncumuncu
Z   Ngicela ukubona imenyu yephudingi

E   May I have the bill?
A   Kan ek die rekening kry?
X   Ndingafumana iakhawunti?
Z   Ngicela i-akhwunti?

E   We shall pay separately
A   Ons sal afsonderlik betaal
X   Siza kuhlawula ngokwahlukeneyo
Z   Sizokhokha ngokwehlukana

E   I think there is a mistake here
A   Ek dink daar is 'n fout hier
X   Ndicinga ukuba kukho impazamo apha
Z   Ngicabanga ukuthi kukhona iphutha lapha

15. REPAIRS
HERSTELWERK
UKUKHANDA
UKUKHANDA

E	ENGLISH
A	AFRIKAANS
X	XHOSA
Z	ZULU

E Where can I get this repaired?
A Waar kan ek dit laat herstel?
X Ndingayilungisisa phi le nto?
Z Kungalungiswa kuphi lokhu?

E How much do you charge?
A Hoeveel vra u?
X Ubiza malini na?
Z Ubiza malini?

E How much does it cost?
A Hoeveel kos dit?
X Ixabisa malini?
Z Kubiza malini?

E This needs mending
A Dit moet heelgemaak word
X Le nto ifuna ukungcitywa
Z Lokhu kudinga ukuchitshelwa

E Can you mend this?
A Kan u dit herstel?
X Ungayingciba na le nto?
Z Ungakuchibela lokhu?

E I shall wait for it
A Ek sal daarvoor wag
X Ndiza kuyilinda
Z Ngizokulindela

E I shall come back for it
A Ek sal dit kom haal
X Ndiza kube ndiyibuyele
Z Ngizobuya ngikulande

E Do you deliver?
A Lewer u af?
X Uyazizisa na?
Z Uyadiliva?

E When will it be ready?
A Wanneer sal dit gereed wees?
X Iya kulunga nini?
Z Izolunga nini?

E A broken zip
A 'n Stukkende ritssluiter
X Uziphu oqhawukileyo
Z Uziphu oqhumile

E Mend my trousers
A Herstel my langbroek
X Thunqa ibhulukhwe lam
Z Thunga ibhulukwe lami

E Resole the shoes
A Versool die skoene
X Faka isoli izihlanqu
Z Faka enye isoli ezicathulweni

E My watch has stopped
A My horlosie het gaan staan
X Iwotshi yam imile
Z Iwashi lami limile

E The watch needs cleaning
A Die horlosie moet
   skoongemaak word
X Iwotshi ifuna ukucocwa
Z Iwashi lidinga ukuhlanzwa

E   The glass is broken
A   Die glas is gebreek
X   Iglasi yaphukile
Z   Kuphuke ingilazi

E   My radio does not work
A   My radio werk nie
X   Iradio yam ayisebenzi
Z   Iwayilense yami ayidlali

16. SEA/CAMPING
SEE/KAMPEER
ULWANDLE/ UKUKEMPISHA
ULWANDLE/UKUKHEMPA

E	ENGLISH
A	AFRIKAANS
X	XHOSA
Z	ZULU

E   Which way is the beach?
A   Hoe kom 'n mens by die strand?
X   Lungaphi unxweme?
Z   Ibhishi lingakuphi?

E   Is this beach dangerous?
A   Is hierdie strand gevaarlik?
X   Lunengozi na olu nxweme?
Z   Lelibhishi linengozi na?

E   Are there life-savers?
A   Is daar lewensredders?
X   Bakhona na abahlanguli?
Z   Bakhona ababhekimpilo?

E   Can you swim?
A   Kan jy swem?
X   Uyakwazi ukuqubha?
Z   Uyakwazi ukubhukuda?

E   Where is the ablution block?
A   Waar is die toilet- en wasgeriewe?
X   Iphi indawo yangasese nokuhlambela?
Z   Akuphi amatholethe nendawo yokugeza?

E   I want to go fishing
A   Ek wil gaan visvang
X   Ndifuna ukuya kubambisela intlanzi
Z   Ngifuna ukuyodoba izinhlanzi

E   Where can I buy bait?
A   Waar kan ek aas koop?
X   Ndingayithenga phi into yokuthiyisela?
Z   Ngingakuthengaphi ukudla kokudoba?

E   What is the charge per site?
A   Wat is die tarief vir 'n staanplek?
X   Isiza sibiza malini?
Z   Ibiza malini indawo yokukampa?

E   Is there a shop?
A   Is daar 'n winkel?
X   Ikhona na ivenkile?
Z   Sikhona isitolo?

E   Is there electricity?
A   Is daar elektrisiteit?
X   Ukhona na umbane?
Z   Ukhona ugesi?

E   Where is the change-room?
A   Waar is die kleedkamer?
X   Liphi igumbi lokunxibela?
Z   Ikuphi indlu yokushintsha

E   May I light a fire?
A   Kan ek vuurmaak?
X   Ndingabasa na?
Z   Kuyavunyelwa ukubasa umlilo?

171

E   Is the water drinkable?
A   Is die water drinkbaar?
X   Ayaselwa na amanzi?
Z   Singawaphuza amanzi na?

E   Where can I refill my gas
    cylinder?
A   Waar kan ek my gassilinder
    volmaak?
X   Ndingayizalisa phi na igesi?
Z   Ngingaligcwalisa kuphi
    ibhodlela legesi?

E   Where can I empty my
    chemical toilet?
A   Waar kan ek my chemiese
    toilet leegmaak?
X   Ndingawalahla phi na
    amachiza?
Z   Ngingalithululela kuphi
    itholethe lami elinamakhe-
    mikhali?

17. DOCTOR/HOSPITAL
DOKTER/HOSPITAAL
UGQIRHA/ISIBHEDLELE
UDOKTELA/ISIBHEDLELA

E	ENGLISH
A	AFRIKAANS
X	XHOSA
Z	ZULU

E   I want to see the doctor
A   Ek wil die dokter spreek
X   Ndifuna ukubonana nogqirha
Z   Ngifuma ukubona udoktela

E   Call the doctor
A   Ontbied die dokter
X   Biza Ugqirha
Z   Biza udokotela

E   Apply first aid
A   Pas eerstehulp toe
X   Ukunika uncedo lokuqala
Z   Nikeza usizo lokuqala

E   I feel fine
A   Ek voel goed
X   Ndiphilile
Z   Ngiphila kahle

E   How long have you been ill?
A   Hoe lank is jy al siek?
X   Lithuba elingakanani ugula?
Z   Unesikhathi esingakanani
    ugula?

E   The doctor must examine you
A   Die dokter moet jou ondersoek
X   Uqgirha kufuneka akuxilonge
Z   Udokotela kufanele akuhlole

E   How are you feeling?
A   Hoe voel jy?
X   Uziva njani?
Z   Uzizwa unjani?

E   Are you sick?
A   Is jy siek?
X   Uyagula?
Z   Uyagula?

E   Are you pregnant?
A   Is jy verwagtend?
X   Ukhulelwe?
Z   Ukhulelwe?

E   I am not feeling well
A   Ek voel nie goed nie
X   Andiziva mnandi
Z   Angiphili neze

E   Make an appointment to see
    the doctor
A   Maak 'n afspraak om die
    dokter te spreek
X   Yenza idinga lokubonana
    nogqirha
Z   Nguma usuku nesikhathi
    sokubonana nodokotela

E   Where does it hurt?
A   Waar is dit seer?
X   Kubuhlungu phi?
Z   Kubuhlungu kuphi?

E   I take this medicine
A   Ek gebruik hierdie medisyne
X   Ndiyalisela eli yeza
Z   Ngiphuza lo muthi

E Do you have any allergies?
A Is jy allergies vir iets?
X Unezinto ezalanayo nempilo yakho na?
Z Unayo i-aleji?

E I am allergic to penicillin
A Ek is allergies vir penisilline
X Ndiyalana nephenisilini
Z Ngine-aleji kuphenisilini

E I am going to give you an injection
A Ek gaan vir jou 'n inspuiting gee
X Ndiza kukuhlaba
Z Ngizokujova

E The doctor prescribed medicine
A Die dokter het medisyne voorgeskryf
X Ugqirha umqingqele amayeza
Z Udokotela umncomele umuthi

E Take this prescription to the chemist
A Neem hierdie voorskrif apteek toe
X Yisa lo myalelo ekhemisti
Z Thatha lesi sithako uye ekhemisi

E Take this medicine three times a day
A Neem hierdie medisyne drie maal per dag
X Sela eli yeza kathathu gemini
Z Phuza lomuthi kathathu ngosuku

E Take this medicine after meals
A Neem hierdie medisyne na ete
X Sela iyeza emva kokutya
Z Phuza lo muthi ngaphambili kokudla

E Take this medicine before meals
A Neem hierdie medisyne voor ete
X Sela iyeza phambi kokutya
Z Phuza lo muthi ngemuva kokudla

E Here are some pills
A Hier is pille
X Nazi iipilisi
Z Nanka amaphilisi

E Swallow these pills
A Drink hierdie pille
X Ginya ezi pilisi
Z Gwinya lamaphilisi

E Must I stay in bed?
A Moet ek in die bed bly?
X Kufuneka ndizigcine ezingubeni na?
Z Ngimele ngihlale embhedeni na?

E You will need an operation
A Jy sal 'n operasie moet ondergaan
X Kuza kufuneka uhlinzwe
Z Kuzodingeka ukuba uhlinzwe

E Come back in ... days
A Kom oor ... dae terug
X Buya emva kweentsuku ezi ...
Z Ubuye ezinsukwini ezingu ...

174

E Go to the hospital
A Gaan hospitaal toe
X Ukuya esibhedlele
Z Iya esibhedlela

E Go to the out-patients
A Gaan na die buitepasiënte
   afdeling toe
X Yiya kwicandelo labagula
   behamba
Z Yiya egumbini labagulela
   ngaphandle

E Go to the casualty department
A Gaan na die ongevalle-
   afdeling toe
X Yiya kwicandelo labalimeleyo
Z Yiya kumnyango wabalimele

E Do you have medical aid?
A Behoort u aan 'n mediese
   hulpskema?
X Ulilungu lombutho onceda
   ngonyango na?
Z Unawo yaini unshuwalense
   wabagulayo?

18. DISEASE
SIEKTE
ISIFO
ISIFO

E	ENGLISH
A	AFRIKAANS
X	XHOSA
Z	ZULU

E I am ill
A Ek is siek
X Ndiyagula
Z Ngiyagula

E The child is coughing
A Die kind hoes
X Umntwana uyakhohlela
Z Umntwana uyakhwehlela

E I have a pain here
A Ek het 'n pyn hier
X Kubuhlunga apha
Z Kubuhlungu lapha

E I have sprained my ankle
A Ek het my enkel verstuit
X Ndikruneke iqatha
Z Ngeyele iqakala

E I have broken my arm
A Ek het my arm gebreek
X Ndaphuke ingalo
Z Ngephuke umkhono

E I have broken my leg
A Ek het my been gebreek
X Ndaphuke umlenze
Z Ngephuke umlenze

E I have a headache
A Ek het hoofpyn
X Ndinentloko ebuhlungu
Z Ngiphethwe yikhanda

E I have a cold
A Ek het 'n verkoue
X Ndinomkhuhlane
Z Nginomkhuhlane

E I have a sore throat
A My keel is seer
X Ndinentloko umqala
Z Ngihethwe umphimbo

E I feel feverish
A Ek voel koorsig
X Ndinemfuxane
Z Ngiyashisa

E I feel nauseous
A Ek voel naar
X Ndinesicefecefe
Z Nginesicanucanu

E I feel dizzy
A Ek voel duiselig
X Ndinesiyezi
Z Ngiphethwe yinzululwane

E I have been stung by an insect
A Ek is deur 'n insek gesteek
X Ndilunywe sisinambuzane
Z Ngitinyelwe yisinambuzane

E I have been bitten by a dog
A 'n Hond het my gebyt
X Ndilunywe yinja
Z Ngilunywe yinja

E I have been bitten by a snake
A 'n Slang het my gepik
X Ndityiwe yinyoka
Z Ngilunywe yinyoka

E I have brought up blood
A Ek het bloed opgebring
X Ndikhupha igazi
Z Ngihlanze igazi

E I can't breathe
A Ek kan nie asemhaal nie
X Andikwazi ukuphefumla
Z Angikwazi ukuphefumula

E I have an infection
A Ek het 'n infeksie
X Ndosulelwe sisifo
Z Ngigenwe wukufa

E I have diarrhoea
A Ek het diarree
X Ndinesisu ndiyarhuda
Z Ngiphethwe yisihudo

E I fainted
A Ek het flou geword
X Ndiwe isiqaqa
Z Ngiqulekile

E I have a rash
A Ek het 'n uitslag
X Ndinerhashalala
Z Nginomqubuko

E I have heart trouble
A Ek het hartprobleme
X Ndikhathazwa yintliziyo
Z Ngikhathazwa yinhliziyo

E I have toothache
A Ek het tandpyn
X Ndinezinyo
Z Ngiphethwe izinyo

E I have a broken tooth
A Ek het 'n gebreekte tand
X Ndinezinyo elaphukileyo
Z Izinyo lami liphukile

E I want to have my eyes tested
A Ek wil my oë laat toets
X Ndifuna ukuhlolisa amehlo
Z Ngifuna ukuhlolwa amehlo ami

E I need new glasses
A Ek het 'n nuwe bril nodig
X Ndifuna iiglasi zamehlo ezintsha
Z Ngidinga izibuko ezintsha

E I have lost my contact lenses
A Ek het my kontaklense verloor
X Ndilahlekelwe ziindondo zam ezinxitywa elisweni
Z Izingilazi zami zezibuko zilahlekile

19. POLICE/JUSTICE
POLISIE/REG
AMAPOLISA/ UBULUNGISA
AMAPHOYISA/UBULUNGISWA

E	ENGLISH
A	AFRIKAANS
X	XHOSA
Z	ZULU

E Break the law
A Die wet oortree
X Ukwaphula umthetho
Z Phula umthetho

E Lay down te law
A Die wet voorskryf
X Ukubeka phantsi umthetho
Z Beka phansi umthetho

E Maintain law and order
A Handhaaf wet en orde
X Ukugcina umthetho
   nocwangco
Z Gcina umthethwa nokuthula

E Pay a fine
A 'n Boete betaal
X Ukubhatala intlawulo
Z Khokha inhlawulo

E You are under arrest
A Jy is onder arres
X Ubanjiwe
Z Uboshiwe

E Place under arrest
A Arresteer
X Ukubanjwa
Z Ukubopha

E You may call a lawyer
A Jy kan 'n prokureur inroep
X Ungafuna igqwetha
Z Ungabiza ummeli

E You must appear in court
A Jy moet in die hof verskyn
X Kufuneka uvele enkundleni
   yamatyala
Z Kumela uze enkantolo

E Will you take a breathalyser
   test?
A Sal jy 'n asemtoets ondergaan?
X Ungenza uvavanyo
   lomphefumlo?
Z Singakuhlola umoya na?

E Escape from prison
A Ontsnap uit die tronk
X Ukuphuncuka entolongweni
Z Eqa ejele

E Appeal against the sentence
A Appelleer teen die vonnis
X Ukubhena
Z Ukudlulisa icala

E I want to make a statement
A Ek wil 'n verklaring aflê
X Ndifuna ukwenza ingxelo
Z Ngizokwethula isitatimende

E Contempt of court
A Minagting van die hof
X Ukudelela inkundla
Z Ukudelela inkantolo

E I want an interpreter
A Ek wil 'n tolk hê
X Ndifuna itoliki
Z Ngifuna umhumushi

E You must appear in court
A Jy moet in die hof verskyn
X Kufuneka uvele enkundleni
   yamatyala
Z Kumele uze enkantolo

E Give evidence
A Getuig
X Ukunika ubungqina
Z Nika ubufakazi

E Take an oath
A 'n Eed aflê
X Ukufunga
Z Funga

E Silence in court
A Stilte in die hof
X Ukuthi cwaka enkundleni
Z Ukuthula enkantolo

E Out on bail
A Uit op borgtog
X Uphume ngebheyile
Z Uphume ngebheyili

E To plead guilty
A Om skuldig te pleit
X Ukuvuma ityala
Z Ukuvuma icala

E The case will continue
A Die saak sal voortgaan
X Liya kuqhuba ityala
Z Icala lizoqhubeka

E Postphone the case
A Stel die saak uit
X Ukumisa ityala
Z Hlehlisa icala

E Found not guilty
A Onskuldig bevind
X Ukufunyanwa ungenatyala
Z Tholakala ungenacala

E Found guilty
A Skuldig bevind
X Ukufunyanwa unetyala
Z Tholakala unecala

E Hard labour
A Harde arbeid
X Ukusebenza nzima
   entolongweni
Z Ukusebenza kanzima

E Guilty of murder
A Skuldig aan moord
X Unetyala lokubulala
Z Unecala lokubulala

E Pass the death sentence
A Die doodstraf oplê
X Ukugwetyelwa intambo
Z Khipha isigwebo sentambo

E Life sentence
A Lewenslange gevangenisstraf
X Ukugwetywa ubomi bonke
   entolongweni
Z Ukudilikelwa ijele

179

20. TRAVEL (ROAD)
REIS (PAD)
UHAMBO (INDLELA)
UHAMBO (UMGWAQO)

E	ENGLISH
A	AFRIKAANS
X	XHOSA
Z	ZULU

E How far is it to ...?
A Hoe ver is dit tot by ...?
X Kukude kangakanani ukuya e ...?
Z Kukude kangakanani e ...?

E I have lost my way
A Ek het verdwaal
X Ndilahlekene nendlela yam
Z Ngedukile

E Where does this road lead to?
A Waarheen gaan hierdie pad?
X Iyaphi le ndlela?
Z Iyaphi le ndlela?

E Can you show me the way to ...?
A Hoe kom ek by ...?
X Ugandibonisa indlela eya ...?
Z Ngicela indlela eya ...?

E Is this the road to ...?
A Is dit die regte pad ... toe?
X Yindlela eya e ... le?
Z Yivo vini indlela eya ...?

E Which is the road to ...?
A Watter pad is die regte een ... toe?
X Yeyiphi eyona ndlela iya e ...?
Z Iyiphi indlela eya ...?

E Is the road passable?
A Is die pad begaanbaar?
X Iyahambeka indlela?
Z Kungahanjwa kulomgwaqo?

E What is the condition of the road?
A In watter toestand is die pad?
X Imeko yendlela injani?
Z Unjani umgwaqo?

E Is the road suitable for a caravan?
A Is die pad geskik vir 'n karavaan?
X Ingaba indlela izilungele ikharavani?
Z Ingahamba ikhereveni kulomgwaqo?

E Carry straight on
A Gaan reguit aan
X Hamba ngqo ungajiki
Z Qhubeka uqonde phambili

E Take a detour
A Neem 'n ompad
X Hamba ngokugwegweleza
Z Hamba ngendlela ephambukayo

E First left
A Eerste links
X Qala ngekhohlo
Z Emgwaqeni wokuqala ujikele
ngakwesokudla

E First right
A Eerste regs
X Qala ngokunene
Z Emgwaqeni wokuqala ujikele
ngakwesokunxele

E Do you have a map?
A Het jy 'n kaart
X Unayo imephu?
Z Unayo imephu?

21. TELEPHONE
TELEFOON
IFONI
ITHELEFONI

E	ENGLISH
A	AFRIKAANS
X	XHOSA
Z	ZULU

E   Whom do you want to speak to?
A   Met wie wil u praat?
X   Ufuna ukuthetha nabani?
Z   Ufuna ukukhuluma nobani?

E   Who is speaking?
A   Wie praat?
X   Ngubani othethayo?
Z   Ubani okhulumayo?

E   My telephone number is ...
A   My telefoonnommer is ...
X   Inambari yam yefoni i...
Z   Inamba yami ingu ...

E   What number did you want?
A   Watter nommer wou u gehad het?
X   Ufuna eyiphi inambari?
Z   Ufuna yiphi inamba?

E   What number did you dial?
A   Watter nommer het u geskakel?
X   Ubutsale eyiphi inambari?
Z   Ushaye yiphi inamba?

E   You have the wrong number
A   U het die verkeerde nommer
X   Uphume kwinambari engeyiyo
Z   Ushaye inamba okungeyona

E   Who is speaking?
A   Wie praat?

E   Please answer the phone
A   Antwoord asseblief die telefoon
X   Nceda uphendule ifoni
Z   Ngicela uphendule ucingo

E   Leave a message
A   Los 'n boodskap
X   Shiya umyalezo
Z   Shiya umbiko

E   I'll go and call him
A   Ek sal hom gaan roep
X   Ndiza kumbiza
Z   Ngizoya ngiyombiza

E   Do you have a telephone directory?
A   Het u 'n telefoongids?
X   Unayo incwadi yefoni?
Z   Unayo inkomba yethelefoni?

23. HOUSEWORK (GENERAL)
HUISWERK (ALGEMEEN)
UMSEBENZI WASEKHAYA (JIKELELE)
UMSEBENZI WASEKHAYA (VAMILE)

E	ENGLISH
A	AFRIKAANS
X	XHOSA
Z	ZULU

E Arrange the flowers in a vase
A Rangskik die blomme in 'n blompot
X Cwangcisa iintyatyambo evazini
Z Faka lezi zimbali evasini

E The house needs cleaning
A Die huis moet skoongemaak word
X Indlu ifuna ukucocwa
Z Indlu idinga ukuhlanzwa

E The floor needs polishing
A Die vloer moet gepoleer word
X Umgangatho ufuna ukupolishwa
Z Iphansi lidinga ukupholishwa

E Sweep the room
A Vee die kamer uit
X Tshayela igumbi
Z Shayela indlu

E Set the table
A Dek die tafel
X Deka itafile
Z Deka itafula

E The yard needs sweeping
A Die werf moet gevee word
X Iyadi ifuna ukucocwa
Z Iyadi lifanele lishanelwe

E The beds must be made
A Die beddens moet opgemaak word
X Iibhedi mazandlulwe
Z Imibhede idinga ukwendlulwa

E The windows need washing
A Die vensters moet gewas word
X Iifestile zifuna ukuhlanjwa
Z Amafasitele amelwe ukugezwa

E Please clean the furniture
A Maak asseblief die meubels skoon
X Nceda ucoce ifenishala
Z Ake ulungise ifenisha

E The carpets need vacuuming
A Die matte moet skoongesuig word
X Iikhapeti zifuna ukucocwa
Z Amakhapethe adinga ukuhlanzwa

E The ironing must be done
A Die strykwerk moet gedoen word
X Impahla mayolulwe
Z Kudingeka ku-ayinwe

23. HOUSEWORK (KITCHEN)
HUISWERK (KOMBUIS)
UMSEBENZI WASEKHAYA (IKHITSHI)
UMSEBENZI WASEKHAYA (IKHISHI)

E	ENGLISH
A	AFRIKAANS
X	XHOSA
Z	ZULU

E   Please put on the kettle
A   Skakel asseblief die ketel aan
X   Nceda layita iketile
Z   Ngicela wokhele ugesi
    wegedlela

E   Please wash the dishes
A   Was asseblief die skottelgoed
X   Nceda uhlambe izitya
Z   Ake ugeze izitsha

E   I shall dry up
A   Ek sal afdroog
X   Ndiza kusula
Z   Ngizozesula

E   Please put the dishes away
A   Bêre asseblief die skottelgoed
X   Nceda qoqosha izitya
Z   Ngicela ungibekele izitsha

E   Please clean the stove
A   Maak asseblief die stoof skoon
X   Nceda ucoce isitovu
Z   Ake uhlanze isitofu

E   The oven must be cleaned
A   Die oond moet skoongemaak
    word
X   Ioveni kufuneka icocwe
Z   Uhhavini udinga ukuhlanzwa

E   The fridge needs defrosting
A   Die yskas moet ontvries word
X   Ifriji ifuna ukunyityilikiswa
Z   Kumele kuncibilikiswe iqhwa
    efrijini

E   Peel the potatoes
A   Skil die aartappels
X   Kela iitapile
Z   Cwecwa amazambane

E   Scrape the carrrots
A   Krap die wortels
X   Kela iikharothi
Z   Phala izanqante

E   Slice the beans
A   Kerf die boontjies
X   Chuba iimbotyi
Z   Qoba ubhontshisi

E   Slice the water-melon
A   Sny die waatlemoen
X   Nqunqa ivatala
Z   Qoba ikhabe

E   Cook the meal
A   Kook die kos
X   Pheka ukutya
Z   Pheka ukudla

E   What are you cooking?
A   Wat kook jy?
X   Upheka ntoni?
Z   Uphekani?

E   Please fry eggs
A   Bak asseblief eiers
X   Nceda ugcade amaqanda
Z   Ake uthose amaqanda

E   Roast the potatoes
A   Braai die aartappels
X   Gcada iitapile
Z   Thosa amazambane

E   Cook the pumpkin
A   Kook die pampoen
X   Pheka ithanga
Z   Pheka ithanga

E   Lay the table
A   Dek die tafel
X   Deka itafile
Z   Endlala itafula

24. CAR (GENERAL)
MOTOR (ALGEMEEN)
IMOTO (JIKELELE)
IMOTO (VAMILE)

E	ENGLISH
A	AFRIKAANS
X	XHOSA
Z	ZULU

E Fasten the seat-belt
A Maak die veiligheidsgordel vas
X Bopha ibhanti
Z Bopha ibhande lesihlalo

E Drive slowly
A Ry stadig
X Cothisisa
Z Shayela kancane

E Obey road signs
A Gehoorsaam padtekens
X Hlonipha iimpawu zendlela
Z Hlonipha izimpawu zomqwaqo

E Apply brakes
A Trap rem
X Sebenzisa iibreki
Z Bhuleka

E Speed limit
A Spoedgrens
X Amendu aqingqiweyo
Z Ijubane elibekiwe

E Speed trap
A Spoedlokval
X Ucupho lwamendu
Z Ukucupha isivinini

E Don't drink and drive
A Moenie bestuur as jy gedrink het nie
X Ungaqhubi usele
Z Ungashayeli uphuzile

E Reckless driver
A Roekelose bestuurder
X Umqhubi ongakhathaliyo
Z Umshayeli ongacabangi

E No stopping
A Stilhou verbode
X Akumiwa
Z Akumiwa

E No entry
A Geen toegang
X Akungenwa
Z Akungenwa

E No parking
A Geen parkering
X Akupakishwa
Z Akupakwa

E Check the water
A Gaan die water na
X Hlola amanzi
Z Hlola amanzi

186

E   Check the oil
A   Gaan die olie na
X   Hlola ioyile
Z   Hlola uwoyela

E   My car needs water in its
    radiator
A   My motor het verkoelerwater
    nodig
X   Imoto yam ifuna amanzi
    kwiradiyeyitha
Z   Imoto yami idinga amanzi
    kurediyetha

E   Clean the windscreen
A   Maak die voorruit skoon
X   Coca iglasi eqhiwulela umoya
Z   Hlanza ifasitela elivimela
    umoya

E   Please fill the car
A   Maak asseblief die motor vol
X   Nceda yizalise imoto
    ngepetroli
Z   Ngicela uyigcwalise imoto

E   Please check the tyres
A   Gaan asseblief die bande na
X   Khawukhangele amavili
Z   Ngicela ubheke amasondo

E   Please wash the car
A   Was asseblief die motor
X   Khawuhlambe imoto
Z   Ngicela ugeze imoto

E   Change the tyre
A   Ruil die band om
X   Tshintsha ithayala
Z   Shintsha ithaya

E   Change the oil
A   Verander die olie
X   Tshintsha ioyile
Z   Shintsha uwoyela

25. CAR (BREAKDOWN) MOTOR (TEËSPOED) IMOTO (UKUWA PHANTSI) IMOTO (UKWAHLULEKA)

E	ENGLISH
A	AFRIKAANS
X	XHOSA
Z	ZULU

E Where is the nearest garage?
A Waar is die naaste motorhawe?
X Iphi igaraji ekufutshane?
Z Likuphi igalaji eliseduze?

E I have lost my car keys
A Ek het my motorsleutels verloor
X Ndilahle izitshixo zemoto
Z Ngilahlekelwe isikhiye zemoto yami

E Can you tow my car to the nearest town?
A Kan jy my motor na die naaste dorp toe insleep?
X Ungayitsala imoto yam ukuya kwidolophu ekufutshane?
Z Ngicela ungidonsele imoto yami edolobheni eliseduze?

E Please call a breakdown service to come here as soon as possible
A Vra asseblief 'n insleepdiens om so gou moontlik hiernatoe te kom
X Nceda ubize isilenga size apha ngokukhawuleza
Z Ngicela ungibizele imoto ezongidonsa ngokushesha okukhulu

E Can you give me a lift to the nearest town?
A Kan ek saamry na die naaste dorp toe?
X Ungandikhwelisa ukuya kwidolophu ekufutshane?
Z Ngicela ungigibelise uyongibeka edolobheni eliseduze?

E I have locked my keys in the car
A Ek het my sleutels in die motor toegesluit
X Nditshixele izitshixo zam emotweni
Z Ngikhiyele izikhiye zami emotweni

E My car has broken down
A My motor is stukkend
X Imoto yam yaphukile
Z Imoto yami ifile

E My car has been stolen
A My motor is gesteel
X Imoto yam ibiwe
Z Imoto yami yebiwe

E My car has been broken into
A Daar is by my motor ingebreek
X Imoto yam iqhekeziwe
Z Imoto yami igqekeziwe

E My car will not start
A My motor wil nie vat nie
X Imoto yam ayiqhwithi
Z Imoto yami ayifuna ukustada

E My car has run out of petrol
A My motor is sonder petrol
X Imoto yam iphelelwe
   ngamafutha
Z Imoto yami iphelelwe upetroli

E My car has a puncture
A My motor het 'n pap wiel
X Imoto yam igqajukelwe livili
Z Isonde lemoto yami
   liphantshile

E My car has a flat battery
A My motor se battery is pap
X Ibhetri yemoto yam ifleti
Z Ibhetri yemoto yami iphelile

E My car is stuck
A My motor het vasgeval
X Imoto yam ixingile
Z Imoto yami ibhajiwe

E The windscreen is shattered
A Die voorruit is gebreek
X Ifestile yangaphambili
   yaphukile
Z Ifasitela langa phamabili
   lephukile

E My car has a broken fanbelt
A My motor se waaierband is
   stukkend
X Imoto yam iqhawukelwe
   yefeni bhelti
Z Ifenbelti yemoto yami
   idabukile

E The lights won't work
A Die ligte wil nie werk nie
X Izibane azisebenzi
Z Izibane azikhanyisi

E The fuses have blown
A Die smeltdrade is uitgebrand
X Iifiyuzi ziqhushumbile
Z Amafiyuzi ashile

E Hoe long will it take?
A Hoe lank sal dit neem?
X Kuya kuthatha ixesha
   elingakanani?
Z Kuzoba isikhathi
   esingakanani?

E How much will it cost to
   repair the car?
A Hoeveel sal dit kos om die
   motor te herstel?
X Kuya kubiza malini
   ukulungisa imoto?
Z Kuzobiza malini ukulungisa
   imoto?

26. ROAD ACCIDENT
PADONGELUK
INGOZI YENDLELA
INGOZI YOMGWAQO

E	ENGLISH
A	AFRIKAANS
X	XHOSA
Z	ZULU

E There has been an accident
A Daar was 'n ongeluk
X Bekukho ingozi
Z Kuvele ingozi

E Control the traffic
A Beheer die verkeer
X Lawula izithuthi
Z Vimbela itrafiki

E Do not panic
A Moenie paniekerig raak nie
X Ungothuki
Z Ungethuki

E Look after the injured
A Versorg die beseerdes
X Jonga abenzakeleyo
Z Qapha abalimele

E I want to report an accident
A Ek wil 'n ongeluk aanmeld
X Ndifuna ukwenza ingxelo
  ngengozi
Z Ngizobika ingozi

E Can I help?
A Kan ek help?
X Ndinganceda
Z Ngingasiza na?

E Are you hurt?
A Het jy seergekry?
X Ingaba wenzakele?
Z Ulimele na?

E I am injured
A Ek is beseer
X Ndenzakele
Z Ngilimele

E This person is injured
A Hierdie persoon is beseer
X Lo mntu wenzakele
Z Umuntu lo ulimele

E Do not move
A Moenie beweeg nie
X Ungashukumi
Z Unganyakazi

E Come and help me
A Kom help my
X Khawuze kundinceda
Z Woza uzongisiza

E Where does it hurt?
A Waar is dit seer?
X Kubuhlungu ndawoni?
Z Kubuhlungu kuphi?

E It hurts me to move
A Dit is seer as ek beweeg
X Kubuhlungu ndakushukuma
Z Kubuhlungu uma nginyakaza

E Please call the police
A Ontbied asseblief die polisie
X Nceda ubize amapolisa
Z Ngicela ubize amaphoyisa

E Phone an ambulance
A Skakel 'n ambulans
X Fonela iambulensi
Z Shayela iambulense ucingo

E Phone the fire brigade
A Skakel die brandweer
X Fonela isicima-mlilo
Z Shayela isicishamlilo ucingo

E Please call a doctor
A Ontbied asseblief 'n dokter
X Nceda ubize ugqirha
Z Ngicela ubiza udokotela

E No one is seriously injured
A Niemand het ernstig
   seergekry nie
X Akukho bani wenzakele
   kakhulu
Z Abekho abalimele kakhulu

E Don't move this person
A Moenie hierdie persoon
   beweeg nie
X Musa ukumshenxisa lo mntu
Z Ningamnyakazisi lo muntu

E Do you have a first-aid kit?
A Het jy noodhulptoerusting?
X Unazo izixhobo zoncedo
   lokuqala?
Z Unawo yini umgodla wezinto
   zosizo lokuqala?

E Where is the nearest police
   station?
A Waar is die naaste
   polisiestasie?
X Undawoni isikhululo
   samapolisa ekufutshane?
Z Sikuphi isiteshi samaphoyisa
   esiseduzane?

E Where is the nearest doctor?
A Waar is die naaste dokter?
X Undawoni ugqirha
   ekufutshane?
Z Ukuphi udokotela
   oseduzane?

E Where is the nearest
   telephone?
A Waar is die naaste telefoon?
X Udawoni ifoni ekufutshane?
Z Ukuphi uthelefoni
   oseduzane?

E Where is the nearest hospital?
A Waar is die naaste hospitaal?
X Udawoni isibhedlele
   ekufutshane?
Z Sikuphi isibhedlela
   esiseduzane?

E The brakes failed
A Die remme het gefaal
X Iibreki zaphela
Z Amabhuleki ehlulekile

E Total wreck
A Algehele wrak
X Intlaleke yaphela
Z Ivithike yaphela

E Please write down your name
   and address
A Skryf asseblief jou naam en
   adres neer
X Nceda ubhale igama lakho
   kunye neadresi
Z Bhala phansi igama nekheli
   lakho

E Please write down details of
   your insurance company
A Skryf asseblief besonderhede
   van jou versekerings-
   maatskappy neer
X Nceda ubhale iinkcukacha
   zeinshorensi yakho
Z Bhala phansi imininingwane
   yomshuwalense wakho

27. SPORT/RECREATION
SPORT/ONTSPANNING
UMDLALO/EZOLONWABO
UMDLALO/UKUDLALA

E	ENGLISH
A	AFRIKAANS
X	XHOSA
Z	ZULU

E What sport do you play?
A Aan watter sport neem jy deel?
X Yeyiphi umdlalo owudlalayo?
Z Udlala mdlalo muni?

E I don't play any sport
A Ek neem aan geen sport deel nie
X Andidlali mdlalo
Z Angidlali lutho mina

E I have brought my golf-clubs
A Ek het my gholfstokke gebring
X Ndiwaphethe amagqudu am egolufa
Z Ngize nezagila zami zegalofu

E Friendly match
A Vriendskaplike wedstryd
X Umdlalo wobuhlobo
Z Umdlalo wobungane

E I want to go to rugby
A Ek wil rugby toe gaan
X Ndifuna ukuya embhoxweni
Z Ngifuna ukuya emdlalweni weragbhi

E I want to go to cricket
A Ek wil krieket toe gaan
X Ndifuna ukuya kwiqakamba
Z Ngifuna ukuya emdlalweni wekhilikithi

E I want to go to soccer
A Ek wil sokker toe gaan
X Ndifuna ukuya kwisoka
Z Ngifuna ukuya emdlalweni kanobhutshuzwayo

E How do you reach the field?
A Hoe kom 'n mens by die veld?
X Uya njani ebaleni?
Z Uhamba ngani ukuya enkundleni?

E Two tickets for the stand please
A Twee pawiljoenkaartjies asseblief
X Ndincede ngama tikiti amabini asemaqongeni
Z Ngicela amathikithi amabili

E I need a new tennis-racket
A Ek het 'n nuwe tennisraket nodig
X Ndifuna ibhadi elitsha letenesi
Z Ngidinga ilakhethe lethenisi elisha

E Win the toss
A Die loot wen
X Ukuphumelela ekuthoseni
Z Uphumelele ekuthoseni

E A good player
A 'n Goeie speler
X Umdlali obalaseleyo
Z Umdlali omuhle

E Catch the ball
A Vang die bal
X Nqakula ibhola
Z Nqaka ibhola

E Pass the ball
A Gee die bal uit
X Gqithisa ibhola
Z Dlulisa ibhola

E Break the record
A Breek die rekord
X Ukuphula irekhodi
Z Ukuphula irekhodi

E Good catch
A 'n Goeie vang
X Ukunqakula kakuhle
Z Ukunqaka kahle

E Rough play
A Ruwe spel
X Umdlalo ombi
Z Umdlalo omubi

E Score a goal
A 'n Doel behaal
X Faka igoli
Z Faka igoli

E The winning goal
A Die wendoel
X Igoli lempumelelo
Z Igoli lokuwina

E Exciting match
A Opwindende wedstryd
X Umdlalo owonwabisayo
Z Umdlalo othokozisayo

E Good sportmanship
A Goeie sportmanskap
X Umoya omhle wokudlala
Z Umoya omuhle wokudlala

E Win the race
A Wen die resies
X Ukuphumelela umdlalo
Z Ukuwina umjaho

E I want to go to the cinema
A Ek wil bioskoop toe gaan
X Ndifuna ukuya kumboniso
  bhanya-bhanya
Z Ngifuna ukuya ebhayiskobho

E What do you want to see?
A Wat wil jy gaan kyk?
X Ufuna ukubona ntoni?
Z Ufuna ukuyobonani?

E Two tickets for the late show
  please
A Twee kaartjies vir die laat
  vertoning asseblief
X Nceda ngamatikiti amabini
  eshowu yasebusuku
Z Ngicela amathikithi amabili
  omboniso wakamuva

E The show is fully booked
A Die vertoning is volbespreek
X Indawo iphelile
Z Embukisweni kugcwele nswi

E   Can I join the library?
A   Kan ek by die biblioteek
    aansluit?
X   Ndigangena elayibhri?
Z   Ngingajoyina ilabhulali?

E   I want to borrow a book
A   Ek wil 'n boek uitneem
X   Ndifuna ukuboleka incwadi
Z   Ngifuna ukuboleka incwadi